人间的净化
与善美

星云大师 著

漓江出版社

桂林

本书由台湾远见天下文化出版股份有限公司正式授权

著作权合同登记号桂图登字:20-2014-241 号

图书在版编目(CIP)数据

人间的净化与善美/星云大师 著.—桂林:漓江出版社,2016.5

ISBN 978-7-5407-7799-9

Ⅰ.①人… Ⅱ.①星… Ⅲ.①佛教－人生哲学－通俗读物 Ⅳ.①B948-49

中国版本图书馆 CIP 数据核字(2016)第 073954 号

组　　稿:郑纳新

责任编辑:王红军

封面设计:居　居　李诗彤

内文照排:何　萌

出版人:刘迪才

漓江出版社有限公司出版发行

广西桂林市南环路 22 号　邮政编码:541002

网址:http://www.lijiangbook.com

全国新华书店经销

销售热线:021-55087201-833

山东临沂新华印刷物流集团印刷

(山东临沂高新技术产业开发区新华路　邮政编码:276017)

开本:960mm×690mm　1/16

印张:15.5　字数:120 千字

2016 年 5 月第 1 版　2016 年 5 月第 1 次印刷

定价:38.00 元

如发现印装质量问题,影响阅读,请与承印单位联系调换。

(电话:0539-2925888)

出版前言
另一个年代，另一种呼唤

高希均

（一）

"天下文化"是以传播进步观念为志向和事业的出版社，走过了三十年，出版了二千余种书；这使我们自己也惊喜，因为经营的资金靠自己，收入的来源靠读者。社会上一直有逆耳的忠言："害一个人叫他从事出版"，此刻我们相信：出好书有好报。

"天下文化"创立于1982年，那是台湾地区的一个意气风发、急起直追的年代，知识饥渴、向外学习的年代，那也是一个政治上威权、党外运动萌芽发展的年代，那更是个人生命力施展与冒险的年代。回望那段历史，当时真是台湾快步前进的黄金时期。

2012年的台湾已进入另一个年代——前进中产生了迷惘，

改变中遇到了泥石流。

四小龙"经济奇迹"中的台湾，在全球竞争力排名中仍位居前十名，但面对世界政治经济的急剧变化，台湾的应对与调适不够快，不够准，十多年来一直陷入困局。

民主的"宁静革命"带给台湾人莫大的骄傲，但也同时带来了不宁静的折腾。幸有2008年马英九的当选，打破了两岸僵持，否则，台湾更将被抛在世界舞台之外。

令人难以预料的是，民主的果实在台湾还未硕壮，在西方国家流行的四个"民主病"，却同时提早出现在台湾：政党对立互斗，利益团体操纵，媒体偏两极化，中产阶级冷漠。

在"民主病"蔓延之下，知识分子必须挺身而出，发出另一种理性的呼唤，这就是为什么"天下文化"在三十周年之际，由王力行、张作锦与我发起，要出版十本自选集。

这套选集，取名为"前进的思索"，汇集了社会上大家推崇的作者。他们有专业、有热情、有理想，不断以文字、演讲、专著及实际参与等方式与社会各界分享他们的才情、焦虑与思索。

十位作者有开创人间佛教的星云大师，兼具深厚科学与人文素养的沈君山，新闻媒体人张作锦，倡导法律正义的陈长文，"永远站在病人这一边"的黄达夫，"教育创造未来"的洪兰，充满"台湾想象"的严长寿，"星空之下永远有路"的姚仁禄，"与时代的对话"的王力行，以及我自己的"宁静革命不宁静"。(其中由于沈君山的健康，他的自选集由张作锦与沈夫人曾丽华编选。)

(二)

十位作者的共同愿望是通过他们的自选集，凝聚社会向上的力量，产生我们期盼的"前进的思索"。

"前进的思索"是跨党派，跨族群，跨时代，跨私利。凡是对社会长期发展有利的观念、政策、主张，一起来献策，一起来思考，一起来推动。十本选集所提倡的包括了教育的革新、创新的推动、正义的落实、宗教情怀的分享、医病关系的改进，也包括了要走向均富、创造就业、扩大税基、节能减碳、两岸双赢等。

如果因为这十位人士的说服力，"思索"产生了良性的互动及改革的力量，那么失去信心的台湾人民，也许渐渐地会发现：

1. 媒体及民意代表减少了起哄及作秀，评论时展现了理性的平衡。

2. 争取自己人权与自由的同时，减少了伤害沉默大众的利益。

3．"利益团体"不会明目张胆地自私与强势。

4．除了低收入及弱势团体需要照顾，"有能力的人多付税"，财政赤字必须要下降。

5．二种心态必须要去除：（1）靠"保护"来阻挡开放及外来的竞争；（2）靠"白吃午餐"来占公家及别人的便宜。

6．高层执政者，必须要通过各种方式（如辩论、座谈、专访），说服大多数人民，加快各种改革。

"另一个年代"就是一个"痛定思痛"的年代，因此，"另一种呼唤"必须是"前进的思索"。

2012 年 6 月于台北

目 录

自序

人间佛教前进的思索

经常有人问我："什么是人间佛教?"而我也经常应答："其实，佛教本来就是人间的佛教，因为佛陀出生在人间，修道在人间，成道在人间，说法、度众都在人间，可以说人间佛教就是佛陀的本怀，不应该把它归于是由什么人创造，或是特定的什么人所提倡。"

过去的佛教，由于一些历史风俗习惯的原因，以及由于一些人士的误导，偏重于山林与出世的形式，因此说到佛教，经常给人一种消极避世的刻板印象。随着人类逐步步入现代民治社会，时代进步，资讯发达，佛教也不得不与时俱进，慢慢从山林走入社会，从寺庙扩及家庭，从出家人的佛教走向大众的佛教，佛教本来固有的人间性于是得到极大的弘扬。到现在，人间佛教的理念已经深入人心，其形式也已经发展得很普遍了。

我一生都致力弘扬与落实人间佛教，便是希望回归佛陀的本怀，将佛法落实在人间，让社会各阶层的人士，都可以认识佛教，通过佛陀的智慧认识自己、肯定自己、实现自己。因此在多年前，我为全球佛光人订下"给人信心、给人欢喜、给人希望、给人方便"的工作信条，也为所有会员写下"慈悲喜舍遍法界，惜福结缘利人天，禅净戒行平等忍，惭愧感恩大愿心"等理念，就是勉励大家具体实践人间佛教的精神。而六十多年来，在大家的努力推动下，人间佛教也确实发挥了净化社会人心、推动人间善美、建设人间净土的卓越影响力！实践已经证明，"人间佛教"确实是"佛说的，人要的，净化的，善美的"，它是真正契理契机的佛教，是适合现代人类社会生活的佛教！

适逢天下文化成立三十周年，特别出版《前进的思索》套书，承蒙创办人高希均先生及天下文化同仁的好意，收录我相关人间佛教的文章，作为其中一个单元，让大家了解"人间佛教何处寻"。

"前进的思索"，代表求进步、求突破、求发展的思维。从整个佛教的发展历史来看，佛法的传播与弘扬，也正是靠着这样的信念，基于"随缘不变，不变随缘"的原则，因应各个时代、地区的具体情况，因应不同国家、族群各异的需要，因而流传至今，持续为人类世间带来光明与希望！所以，我们可以说，佛教从来没有停止思索，也从来没有停止前进的脚步！

　　出版在即，略述以上因缘，并以心香一瓣，祝福天下文化一本"传播进步观念，丰富阅读世界"的理念，继续引领社会大众前进的思索，启迪人生的智慧。是为序。

　　　　　　　　星云　2012 年 7 月于佛光山开山寮

人间佛教的蓝图(上)

前　言

人间佛教的建设，在佛教界已经逐渐达成共识了！中国大陆、台湾和香港都在发扬人间佛教，自无疑义；日本虽无人间佛教的口号，但其所行所为，例如寺院的开放、僧侣参加社会事业、檀家制度的设立，以及佛教界创办大学、开设百货公司等，也都充满了人间佛教的思想与具体实践。乃至韩国也把古老的教团逐渐现代化，例如成立电视台等，未来走上人间佛教的路线，这也是时代的自然趋势。

此外，越南、马来西亚、印尼、菲律宾等，都是大乘佛教的教区。所谓人间佛教，也就是菩萨道的大乘佛教，现在只有部分的南传佛教还停滞在小乘、原始的阶段，但是近闻斯里兰卡、泰、缅有识之士，对未来佛教的发展，也已偏向人间佛教了，例如在泰国具有极大群众力量的法身寺，从"法身"（dharmakaya）这个名词即可知道，他们也在积极地走向大乘菩萨道。泰国的比丘尼达摩难陀（Dhammananda）于 2001 年 2 月 6 日在斯里兰卡的达柏达沙玛兰寺（Tapodaramaya），公开受持沙弥尼戒法，向不求革新的传统挑战；柬埔寨佛教大众部僧王德旺（Tep Vong）长老、斯里兰卡西区首座达摩罗卡（Pandith Talalle Dharmaloka Anunayaka Thera）长老、斯里兰卡佛教巴利文大学副校长甘布卢甘伟瓦日拉（Kumburugamawe Vajira Maha Thera）长老、印度摩诃菩提协会会长玛巴拉迦玛伟波拉撒拉（Dr. Mapalagama Wipulasara Maha Thera）长老、尼泊尔达摩吉帝佛教月刊主编阿斯瓦哥斯（Bhikkhu Ashwaghosh）法师、泰国摩诃珠拉佛教大学巴拉摩诃松载普罗斯旺（Phra Maha Somchai Prohmsuwan）副校长等大德高僧，联合参加印度的三坛大戒，并且担任三师暨尊证之职；佛光山国际佛教促进会在斯里兰卡出版人间佛教的书籍，并且于可伦坡的达柏达沙玛兰寺（Tapodaramaya）举办新书发表会时，有罗哈拿派系主席罗睺罗（A. Sn Rahula）长老、律学长老难陀拉达那（K. Nandaratana）、肯兰尼亚大学哲学所所长达亚·伊迪里辛（Daya Edirisinghe）教授、斯里兰卡佛教会副主席舍拿拉克·维加亚松达拉（Senarat Wijayasundara）居士等僧信三百多人出席，共襄盛举。

从上述诸多实例证明，人间佛教的号角已经在世界各个角落响起，人间佛教的宣扬已经受到广泛的认同，人间佛教的普及已经近在眼前了，这是毋庸置疑的事实。

所谓"人间佛教"，不是哪个地区、哪个个人的佛教；追本溯源，人间佛教就是佛陀之教，是佛陀专为人而说法的宗教。人间佛教重在对整个世间的教化。一个人或一个团体，要能够在政治上或在经济上对社会有所贡献，才会被大众所接受；同样的，佛教也一定要与时代配合，要能给人欢喜，给人幸福，要对社会国家有所贡献，如此才有存在的价值，否则一定会遭到社会淘汰。

佛教有很好的资源，如文学、艺术、音乐，都可以成为度众的因缘，可是过去一直很少有人应用，只知强调无常、无我、苦、空的认知，而没有人间性、建设性的观念，难怪佛教兴盛不起来。

六十多年来，我所推动的佛教，是佛法与生活融合不二的人间佛教。人间佛教不是佛光山自创，人间佛教的理念来自佛陀，因为佛陀出生在人间，修行在人间，成道在人间，度化众生在人间，一切以人间为主。因此，教主本身就是人间佛陀，他所传的就是人间佛教。

人间佛教是人生需要的佛教。过去的佛教由于一些人士的误导，较注重山林与出世的形式，现在的佛教则要从山林走入社会，从寺庙扩及家庭，把佛教落实在人间，使生活美满，家庭幸福，在精神上、心灵中、人际间都很和谐。佛光会员四句偈"慈悲喜舍遍法界，惜福结缘利人天，禅净戒行平等忍，惭愧感恩大愿心"，即是说明人间佛教的菩萨行谊。可以说以人为本、以家为基点，平等性、普遍性如观世音菩萨大慈大悲无私的救度众生，将佛法落实在生活中，就是人间佛教。

"人间佛教"重视生活里的道德思想净化，以及精神心灵的升华。如果你相信因果，因果在你的生活中有受用，因果就是人间佛教；你相信慈悲，慈悲在你的生活中有受用，慈悲就是人间佛教。三皈、五戒、六度、十善都是人间佛教。人间佛教就是救度大众的佛教，举凡著书立说、设校办学、兴建道场、素斋谈禅、讲经说法、扫街环保、参与活动、施诊医疗、养老育幼、共修传戒、佛学讲座、朝山活动、念佛共修、佛学会考、梵呗演唱、乡村布教、智慧灵巧、生活持戒，以及缘起的群我关系、因果的循环真理、业力的人为善恶、灭道的现世成就、空性的包容世界、自我的圆满真如等等，这些都是人间佛教。

人间佛教是现实重于玄谈、大众重于个人、社会重于山林、利他重于自利；凡一切有助于增进幸福人生的教法，都是人间佛教。

本文的主旨不在高谈人间佛教的理论，也不拘泥于一般学术论文的格式，只是有感于过去学者们常把佛教的理论搬来搬去，说是论非，分歧思想，造成佛教的四分五裂，殊为可惜。其实，佛教本来就是"唯有一乘法，无二亦无三"，道理不在辩解，而重在同一信仰。就等于吾人经常阅读经文，义理明了；阅读注解，反而不知所云。佛教的学术论文，重在给人信心，给人明白，给人一以贯之，对义理融会了然。佛教常讲般若智慧，为的是去除分别；但实际上佛教界过去的各宗各派、各种议论，重重叠叠，异说纷纭。虽说佛教博大精深，但歧途杂论，未能有益于佛心证道，明白说，我们并不喜欢谈是论非的佛法，我们需要的是一乘直入的人间佛教。

人间佛教是易懂难行之道，今日的佛教界，讲经说论，可以舌灿莲花，滔滔不绝；讲说人间佛教，何其难哉！即使能讲人间佛教，也是肤浅的口号，不能身体力行。人间佛教是实用的佛法，行住坐卧、衣食住行、举心动念，哪一项生活能离开人间佛教呢？

吾人虽生在人间，犹如身在庐山中，不识庐山真面目。今为帮助世人一窥人间佛教的风貌，仅就佛法经论、古德懿行中，有关人间佛教的各项实践，整理而略论伦理观(居家之道)、道德观(修养之道)、生活观(资用之道)、感情观(情爱之道)、社会观(群我之道)、忠孝观(立身之道)、财富观(理财之道)、福寿观(拥有之道)、保健观(医疗之道)、慈悲观(结缘之道)、因果观(缘起之道)、宗教观(信仰之道)、生命观(生死之道)、知识观(进修之道)、育乐观(正命之道)、丧庆观(正见之道)、自然观(环保之道)、国际观(包容之道)、未来观(发展之道)如后,希冀以此建立人间佛教的蓝图与理念。

一、伦理观(居家之道)

伦理是融洽人际关系的重要一环,一个家庭里,即使亲如父母、兄弟、姊妹、伯叔、夫妻、妯娌等眷属,也要靠长幼有序、尊卑有别、上慈下爱的伦理关系来维系,才能保障彼此之间的秩序与家庭的和谐。过去政府在中华文化复兴运动中,特别提倡科学(science)、民主(democracy)、伦理(ethics),可见伦理在中华文化当中,占有极其重要的分量。

佛教自东汉时期传入中国以后,由于长期以来一直以寺院的出家僧侣为主,致使一般人以为佛教只重出世思想,忽略对居家生活的关心。其实佛教是僧俗四众所共有,也重视家庭伦理,例如《无量寿经》告诉我们:家人眷属"当相敬爱,无相憎嫉";对于资生日用要"有无相通,无得贪惜";甚至平日相处要"言色常和,莫相违戾"。从这些话就可以看出,佛陀的教化实在是深具人间的性格与生活的力用。

家庭是每个人的生活重心,孝顺则是人伦之始,是伦理道德实践的根本,所以在家庭的人伦眷属关系当中,佛教首重孝道的提倡。佛教认为，孝顺父母，报答亲恩，这是上报"四重恩"之一；反之，弑父弑母，则是不通忏悔的"五逆大罪"。《观无量寿经》更将孝顺父母列为往生净土的重要资粮。

过去儒家主张：生养死葬、晨昏定省、和颜悦色、恭敬柔顺，此乃人子孝亲之道；佛教也说"尽心尽寿，供养父母；若不供养，得重罪"（《五分律》），又说"供养于父母，及家之尊长，柔和恭逊辞，离粗言两舌"（《杂阿含经》）。但是，佛教更进一步认为："非饮食及宝，能报父母恩，引导向正法，便为供二亲。"（《不思议光菩萨所说经》）莲池大师把孝顺分为三等："生养死葬"，只是小孝；"荣亲耀祖"，是乃中孝；"导亲脱苦"，才是大孝。因此在《根本说一切有部毗奈耶》及《父母恩重难报经》中一致说道：能开化其亲，才是真实报父母恩；也就是说：父母若无信，则使起信心，获安隐处；父母若无戒，使住于禁戒；父母性悭吝，教令好施无，劝乐教授；父母若无智慧，则使开智慧，为子能如是，始足报亲德。

佛教的孝亲思想超越一般世俗的小孝，但是过去一般人总认为"身体发肤，受之父母，不敢毁伤"，以此来批评僧侣披剃舍俗，割爱辞亲，是为大不孝。其实翻开佛教的经典，从佛陀"为父担棺"（《佛说净饭王般涅槃经》）、"为母说法"（《佛升忉利天为母说法经》），不但克尽人子之道，成为孝亲的典范，甚至在《贤愚经》及《睒子经》中都说：佛陀是因仁孝故，成三界之尊。

此外，目犍连尊者救母于幽冥之苦(《盂兰盆经》)；舍利弗入灭前，特地返回故乡，向母辞别，以报亲恩(《贤愚经》)；明朝蕅益大师四度割臂，为病危的母亲求寿(《蕅益大师传》)；民国的虚云和尚，三年朝礼五台山，以报父母深恩(《虚云和尚年谱》)。乃至道明织蒲供母、师备悟道报父、道丕诚感父骨、宗颐念佛度母(《缁门崇行录》)等等，都说明出家人虽然在人伦关系上有了不同的内容，但并未放弃孝养父母的人子之道，因此留下不少脍炙人口的感人事迹。例如惠心沙弥之母，勉其用功道业，不以皇帝赏赐为荣，不以母亲一人为念；洞山良价以《辞北堂书》表明志在求道的决心，其母虽然"日夜常洒悲泪"，仍抑制爱子之情，回书勉励其修道证果，尤其感人肺腑。

佛教对孝道的提倡，不但把"孝顺父母"与"供养沙门、尊重梵行"，同样列为"人法"(《摩诃僧只律》)，尤其《心地观经》更说："勤加修习，孝养父母，若人供佛，福等无异，应如是报父母恩。"甚至《父母恩重难报经》认为："假使有人左肩担父，右肩担母，研皮至骨，穿骨至髓，绕须弥山，经百千劫，血流没踝，犹不能报父母深恩。"足见佛教对孝道的重视。

在一般社会上，在家人有在家人的人伦关系；佛门里，僧团也有师徒与师兄弟的关系。《四分律》说："和尚看弟子，当如儿意看；弟子看和尚，当如父意。辗转相敬，重相瞻视，如是正法便得久住。"《太平御览》云："师者，发蒙之基，学者有师，亦如树之有根也。"《忠心经》云："道成乃知师恩。"佛教里，师徒之间的情谊有时更甚于世间的亲情，如晋朝昙印罹病危笃，弟子法旷七日七夜为其虔诚礼忏（《西天目祖山志》）；元朝印简遇兵难，犹一如平常事奉其师中观沼公，深受元兵敬重（《佛祖历代通载》）；布毛侍者依止鸟窠禅师十六年方受点拨，了悟自家面目（《景德传灯录》）；宋朝怀志谨遵老师真净克文的遗训，坚拒住持领众，抛名利于脑后（《五灯会元》）。

此外，也有的师徒之间教学相长、互为师表，例如道真长老接受作住持的徒弟之命令为客人倒茶、切水果，却甘之如饴；如果今日社会大众都能学习道真长老这种"老做小"的精神，必能消除许多"老少问题"与"代沟问题"。

世间上一切事都是靠因缘和合而存在，缘聚则有，缘灭则散，即使亲如父子母女，一旦缘尽，终要分离，所以人要把握有缘时，好好相携相助。《心地观经》说"悲母在堂，名之为富；悲母不在，名之为贫。悲母在时，名为日中；悲母死时，名为日没"。堂上双亲健在，是人间最幸福的事，因此为人子女，当父母健在时就应该好好孝顺，千万不要等到"树欲静而风不止，子欲养而亲不待"时，徒留遗憾。

　　孝顺父母是人子之道，人而不孝，何以为人？佛经中除了处处指陈"慈父恩高如山王，悲母恩深如大海"（《心地观经》）的孝亲思想之外，尤其进一步要吾人"视一切人犹如佛想，于诸众生如父母想"（《观普贤行法经》）。

　　所谓"一切男子是我父，一切女人是我母"（《梵网经》），更把眷属的范围扩大到一切众生。

　　吾人薄地凡夫，不见得人人都能做到视一切众生如父、如母，甚至如佛想，但对于家中眷属，例如亲子之间、夫妻之间、亲族之间、主仆之间，甚至出世的师徒之间，至少应如《长阿含经》所说：

　　子女应以五事敬顺父母：一者供养侍奉，无使匮乏；二者凡有所为，先白父母；三者父母所为，恭顺不逆；四者父母正令，不敢违背；五者父母正业，承继光大。

　　父母复以五事养育其子：一者教导子女，不使为恶；二者指示教授，趣向善处；三者慈爱照顾，入骨彻髓；四者妥为子女，求善婚娶；五者正当用度，随时供给。

　　丈夫敬妻应有五事：一者相待以礼；二者威严不媟；三者衣食随时；四者庄严以时；五者委付家内。

　　妻子复以五事恭敬于夫：一者体贴敬爱；二者家务整洁；三者温柔亲切；四者诚实毋欺；五者赞叹恭维。

　　为人者，当以五事亲敬亲族：一者给施；二者善言；三者利益；四者同利；五者不欺。

亲族亦以五事亲敬于人：一者护放逸；二者护放逸失财；三者护恐怖者；四者屏相教诫；五者常相称叹。

雇主应以五事对待童使：一者随能使役；二者饮食随时；三者赐劳随时；四者病与医药；五者纵其休假。

童使复以五事奉事其主：一者早起；二者为事周密；三者不与不取；四者作务以次；五者称扬主名。

弟子敬奉师长复有五事：一者给侍所须；二者礼敬供养；三者尊重戴仰；四者师有教敕，敬顺无违；五者从师闻法，善持不忘。

师长复以五事敬视弟子：一者顺法调御；二者诲其未闻；三者随其所问，令善解义；四者示其善友；五者尽以所知，诲授不吝。

过去儒家有谓"老有所终，壮有所用，幼有所长，鳏寡孤独废疾者，皆有所养"，今日人间佛教的居家之道，应该用智慧来处理人伦之间的感情，用佛法来净化、美化、弘化、佛化家庭生活。对于老中青幼等分子，彼此之间要互相爱敬、慈孝、教育、规劝，因为家人之间是一种连锁关系，父母子女等眷属就像锁链一样的环环相扣，绝不可分割，人人尽其在我，相敬相爱，个个身心健全，融洽和谐，家庭才有欢笑，家庭伦理也必然和乐美满。

二、道德观（修养之道）

　　道德，是人类社会应有的修养，人之所以异于禽兽者，正是因为人有道德的观念。道德是维系国家的纲纪法令使之不乱者，一个国家社会，如果人民失去了道德的规范，则公务人员贪赃枉法，假公济私；工商经营偷斤减两，以假乱真；朋友之间猜疑嫉妒，中伤毁谤；邻里之间挑拨离间，搬是弄非；甚至人群里，到处充斥着愚昧邪见、顽强固执、你争我夺、寡廉鲜耻、自私自利、损人不利己的人。因此，有道德的观念和生活，社会才能和谐，家庭才能安乐，朋友才能守信，人我才能互助。

　　何谓道德？凡是举心动念，对社会大众有利益的，就是道德；反之，对别人有所侵犯，甚至危害到社会安全的，就是不道德。佛教是以人为本的宗教，佛教的道德标准涵盖世间的理法纲常，例如《法苑珠林》说："入朝辅王，立志存忠；居家事亲，敬诚孝终。"又说："力慕善道，可用安身；力慕孝悌，可用荣亲。"

　　此外，《大宝积经》说："终不望他众，离者能令和，给学人所乏，不离别众生。"《无量寿佛经》说："粗言自害害彼，彼此俱害；修习善语自利利人，彼我兼利。"乃至《出曜经》说："害人得害，行怨得怨；骂人得骂，击人得击。"《佛说须赖经》说："欺为众恶本，自绝善行业，是故致痛聚，妄言何益人。"等等皆是人我之间的修养之道。

佛教以五戒十善作为人本的道德标准，倡导"诸恶莫作，众善奉行"，不侵犯别人的身体、钱财、名誉、尊严，彻底改造人心，令人伦纲常有序，导正社会善良的风气。佛教以实践六度做为道德生活的准绳。六度中，持戒、禅定、智慧三者，即所谓戒定慧三学，可以对治贪嗔痴三毒，能克制人类自私的念头。如持戒就不会自私，不会自私，贪念就不会生起；如禅定就不会损人，不会损人，嗔恚就不会生起；如修慧就不会无明，不会无明，愚痴就不会存在。贪嗔痴一除，行布施度，则仁慈的悲心油然生起；行忍辱度，则坚毅的精神就可具备；行精进度，则勇猛的力量即能充实一切。

所以，佛教的五戒是做人应遵守的"根本道德"；十善是内心净化、人格升华的"增上道德"；因果业报是世间不变的"善恶道德"；六度则是大乘菩萨自利利他、自觉觉他的道德基础。

《大戴礼记》云："道者，所以明德也；德者，所以尊道也。是故非德不尊，非道不明。"周敦颐说："动而正曰道，用而和曰德。"又说："天地间，至尊者道，至贵者德而已矣!"佛教和儒家相同的地方，是都重视道德的生活；孔子不言怪力乱神，真正的佛教也不标榜神奇灵异，而重视慈悲道德。

佛教的四摄六度、五戒十善，以及正知正见、布施结缘、不念旧恶、惭愧感恩、守护六根、利乐有情、四恩总报、弘法利生、尊重包容、心意柔和、爱语赞叹、守护正念、大公无私、舍己为人、抑己从公等，都是有关道德的修行。

《禅林宝训》里，宋朝的明教契嵩禅师曾经举喻说：一个人如果被人比作桀纣幽厉，则要生气；比作伯夷叔齐，则会欢喜。桀纣幽厉，人君也，为何比之则生气？伯夷叔齐，饿夫也，为何比之则高兴？这就是有道德与没有道德的差别。正如《六度集经》说："吾宁守道，贫贱而死；不为无道，富贵而生。"

宋朝汾阳无德禅师也说："今之重学，古之重德；德学相扶，堪为轨则。"人生世间，人人都应该负起化导社会的责任，具有道德的人，往往能以身教影响大众。

一般人以为有了财富，人生就有了价值；有了名位，人生就有意义，其实人生的真谛并不在此，有了道德的人生才是最重要、最圆满的。佛经中，有关个人道德修养身心的教示，诸如：

当爱乐人德，欣乐人善，不可嫉之。(《阿难问事佛吉凶经》)

扬人善事，隐他过咎；人所惭耻处，终不宣说。闻他密事，不向余说。(《优婆塞戒经》)

不求他过失，亦不举人罪，离粗语悭吝。(《大宝积经》)

但修自己行，莫见他邪正，口意不量他，三业自然净。(《历代法宝记》)

见人之过，口不得言；己身有恶，则应发露。(《诸经要集》)

常省己过，不讼彼短。(《维摩诘经》)

见善努力，闻恶莫亲；纵居暗室，如对大宾。(《缁门警训》)

常自观察己所行，不见他人所阙失，与众和颜无违诤。(《月灯三昧经》)

常说柔软语，远离于恶口。(《大方广十轮经》)

莫于他边见过失，勿说他人是与非；不著他家净活命，诸所恶言当弃舍。(《发觉净心经》)

见世之过患，身自依法行。(《五分律》)

若人打骂不还报，于嫌恨人心不恨；于嗔人中心常静，见人为恶自不作。(《弥沙塞五分戒本》)

自受乐时，不轻他人；见他受苦，不生欢喜。

（《优婆塞戒经》）

所谓"君子之德风，小人之德草，草上之风必偃"。通常以"德"服人，人皆能心悦诚服。所以吾人要想在社会上成功立业，最重要的，应该要有道德的修养，要过道德的生活。

三、生活观（资用之道）

人，每天都要生活，生活最起码的需求就是衣食住行等资生日用。但是，同样的物质生活，每个人的需求不一，有的人吃要山珍海味，住要高楼大厦，穿要绫罗绸缎，出门非要进口轿车不坐；有的人则是粗茶淡饭、布衣粗服，生活却过得欢喜自在，所以一个人的物质生活应该享有多少才能快乐，并没有一定的标准。

佛教对于日常生活的资用之道，并没有要求每一个信徒一定要苦修，当吃，要吃得饱；当穿，要穿得暖。只是，除了生活所需，在饮食服饰日用等各方面，不应该过分奢侈浪费。因为物质容易引起吾人的欲望，让我们生起贪恋的心。

物质是有穷尽的，欲望是无穷尽的，一旦被物资引诱，则苦海愈陷愈深。所以，佛教的学道者一向生活朴素淡泊，平时所拥有的衣物合计不过二斤半重，游方僧侣随身携带杨柳枝、澡豆、水瓶、坐具、锡杖、香炉、滤水囊等"头陀十八物"及"三衣钵具"，就可云游天下。

钵是出家人的食器，又名"应量器"，也就是饮食要知节量，勿生过分贪欲之心。如《释氏要览》中说："《梵摩难国王经》云：'夫欲食，譬如人身病服药，趣令其愈，不得贪著。'"《杂阿含经》说："人当自系念，每食知节量，是则诸受薄，安消而保寿。"《佛遗教经》说："受诸饮食，当如服药。于好于恶，勿生增减，趣得支身，以除饥渴。"

此外，进食时，心存五观，更是一种健康饮食的方法。即，（一）计功多少，量彼来处；（二）忖己德行，全缺应供；（三）防心离过，贪等为宗；（四）正事良药，为疗形枯；（五）为成道业，应受此食。（《敕修百丈清规》）

在物质上不贪心执着，精神生活自能升华扩大。佛陀日食麻麦充饥、大迦叶尊者居住冢间、鸟窠禅师巢居树上、大梅法常荷衣松食、六祖大师吃肉边菜、游方僧方便吃三净肉等。他们山崖水边，日中一食，衣钵以外别无长物，而其解脱自在的心胸，你能说他是一个穷者吗？反观今之居高楼、坐汽车、童仆盈门，但每天为金钱周转、为股票涨跌而愁眉不展的人，你能说他是富有的吗？那些拥资千万，家有良田万顷，但却悭吝不舍、时时觉得自己不够的人，你能说他是富有的吗？所以富者不是真富，穷者不是真穷，贫富之间不可以从金钱物质上去衡量。

佛教虽然不太重视资用生活，但是世间还是要借物质来呈现庄严。一个寺庙里，大雄宝殿如果不是巍峨堂皇，怎么会有人来参拜？佛像如果不庄严宏伟，怎么会有人尊敬？西方极乐世界，因为黄金铺地，七宝楼阁，富丽堂皇，所以才能接引众生，欣然往生其国。

淡泊物质，是自我要求，但不能用此标准来要求别人。佛门虽然讲究个人的生活要简单朴素，但对大众则建广单，接纳十方大众挂单。正如杜甫的《茅屋为秋风所破歌》说："安得广厦千万间，大庇天下寒士俱欢颜"。

佛教虽然呵斥物欲，反对过分耽迷于物质享受，但在普通社会里，适度的拥有物质文明的享受是合乎道德的。不过对于一些实践苦行的人，希望借着淡泊物欲来磨炼自己的意志，也是为人所称道的。例如，丛林里的生活，师父往生了，衣单用物又传给弟子，一件衣服即可传递数代；就是我自己几年的丛林生活也莫不如此。假如我们对物质有远离的看法，就能不受物役，就能不为形累。所以《金刚经》叫人不可住于色、声、香、味、触、法等六尘的境界上。因为五欲六尘中缺陷很多、苦恼很多，一旦身陷其中，则不容易超脱，所以《大宝积经》云："财宝色欲及王位，无常迅速须臾顷；智者于斯不欣乐，勤求上妙佛菩提。"《华严经》也说："常乐柔和忍辱法，安住慈悲喜舍中。"如果我们能淡泊物欲，勤求法乐；能够欢喜柔和忍辱，拥有慈悲喜舍，这才是吾人生活之道。

　　社会上一般人的生活，物质占去了主要的部分；试想生活里的食衣住行、行住坐卧，哪一项能少得了物质？哪一项能不与物质发生关联？因为生活缺少不了物质，所以人类就甘愿做物质的奴隶。其实，人生不必只追求享乐、富有；人生不要做金钱的奴隶，应该增加生活的情趣，提高生活的品味。例如住家环境的整洁美化，有助于生活品质的提升，因此，每日勤于打扫庭院，把家里整理得窗明几净、舒适，院中亦可莳花植草，以增进生活意趣。乃至偶而与三五好友到郊外游山玩水，也会提升生活的品味。尤其能把自我融入工作或大自然之中的，如花朵般给人欢喜，如山水般给人欣赏，如桥梁般供人沟通，如树荫般让人乘凉，如甘泉般解人饥渴；能够自我创造生命的价值，这才是吾人所应该追求的生活品味。

　　总之，人要生活，猪马牛羊也要生活，即使昆虫、动物，也都需要生活。但是，生活的品味，各有不同。现代人追求时尚的品牌服饰、流行的化妆，甚至时兴瘦身、美容等"改造"的功夫；其实真正的美丽是一种从内在自然流露出来的威仪、庄严、安详、自在，所以《法句譬喻经》说："慧而无恚，是谓端正。"能够用心改造一下自己的个性、习惯、观念、人际关系，把不好的改好，把不善的改善，把不正的改正，把不美的改美，这才是人生最基本的生活品质。

因此，人间佛教的生活观，主张生活必须佛法化，也就是除了金钱、爱情以外，在生活里还要增加一些慈悲、结缘、惜福、感恩的观念，甚至于明理、忍辱的佛法，生活里有了佛法，比拥有金钱、爱情更为充实。

四、感情观（情爱之道）

人的生命从哪里来？根据佛教的"十二因缘"说明，生命是从"爱"而来的。爱是生命的根源，所谓"爱不重不生娑婆"，父母相爱，我爱父母，我的情识之中含藏了许多爱和不爱的种子，所以投生到人间，并因为爱而累劫在生死里沉沦，因此《出曜经》说："人为恩爱惑，不能舍情欲；如是忧爱多，潺潺盈于池。"

人因为有情爱牵绊，所以轮回生死；人因为有情感，因此称为"有情众生"。然而"法非善恶，善恶是法"，如果爱得不当，固然爱如绳索，会束缚我们，使我们身心不得自由；爱如枷锁，会锁住我们，使我们片刻不得安宁；爱如盲者，使我们陷身黑暗之中而浑然不知；爱如苦海，使我们在苦海中倾覆灭顶。但是，"爱的净化是慈悲，爱的提升是智慧"，如果能将爱升华为慈悲，则："慈息瞋恚，悲止害觉"（《菩萨地持经》）。又《增壹阿含经》说："诸佛世尊，成大慈悲，以大悲为力，弘益众生。"慈悲是诸佛菩萨度众不倦的原动力，人人若能以慈悲相待，则爱如冬阳，可以溶化冰雪寒霜，可以激发人性的真善美，爱实不失为一种鼓励向上的力量。

因此，佛教并不排斥感情，但却主张以慈悲来运作感情，以理智来净化感情，以礼法来规范感情，以般若来化导感情。佛教鼓励夫妻之间要相亲相爱，亲子之间要互敬互谅，朋友之间要相互惜缘，进而做到"无缘大慈，同体大悲"，亦即将一己的私爱，升华为对一切众生的慈悲。例如，佛陀静坐路中以阻止琉璃王攻打祖国，他以"亲族之荫胜余荫"感动琉璃王退兵（《增壹阿含经卷二十六》）；佛陀对眼盲的弟子的爱护，诸如为患病比丘看病（《毗奈耶》）、为阿那律穿针（《增壹阿含经》卷三十一），乃至佛陀的本生谭里"割肉喂鹰、舍身饲虎"等等。正如《大乘宝要义论》说："多诸有情于身命等皆生爱著，以爱著故广造罪业堕恶趣中；若复有情起大悲已，于身命等不生爱著，以不著故生于善趣。复能于彼一切有情，运心广行布施等行，一切善法相应而作，修菩萨者以大悲心而成其身。"所以《涅槃经》说："如来即是慈悲喜舍，慈悲喜舍即是解脱。"

慈悲就是情爱的升华，佛陀的弘法利生、示教利喜，就是爱；观世音菩萨的大慈大悲、救苦救难，就是爱。爱就是为了你好；爱你就要成全你，要尊重你，要给你自由，要给你方便。爱是美的，爱是善的，爱是真的，爱也是净的；佛教本质上即是慈悲与净爱。

《观无量寿经》说："诸佛心者，大慈悲是，以无缘慈摄诸众生。"《大智度论》也说："如慈母养育婴儿，虽复屎尿污身，以深爱故而不生嗔，又悯其无知。菩萨于众生亦如是。"菩萨悯念众生，不分亲疏，因此我们应该学习诸佛菩萨，把爱从狭义中超脱出来，不只是爱自己、爱家人，更要爱社会大众、爱国家世界。我们要用慈悲去扩大所爱，用智慧去净化所爱，用尊重去对待所爱，用牺牲去成就所爱。人与人之间若能相亲相爱，则宇宙世间，何其宽广啊！

过去一些曲解佛法义理的行者，总是灌输在家信众："夫妻是冤家""不是冤家不聚头"等错误的观念；其实世间男女结婚，这是爱的升华、爱的圆满、爱的统一。但是爱不是单行道，爱要彼此体会对方的心，进而把对某个人的爱，扩及到一切众生。过去儒家有谓"怜蛾不点灯，爱鼠常留饭"；佛教也说"当以慈心育养幼弱，见禽兽虫蛾、下贱仰人活者，常当悯念，随其所食，令得苏息。莫得加刀杖，伤绝其命"（《佛说阿难四事经》）。

爱是双向的，真正的爱是要成全对方、祝福对方，爱不是占有，而是奉献。小爱是爱与自己有关的，大爱是爱与他人有关的；真爱是爱真理、爱公理、爱国家、爱世界、爱人间的和平。所谓"生命诚可贵，爱情价更高"，其实这应该是有情有义、大情大爱，是大慈大悲的情操，所以一个人什么都可以失去，但是不能少了慈悲。

然而今日社会，许多人滥用了爱，丑化了爱，例如对美色的贪爱，辣手摧花；对金钱的贪爱，窃盗贪污；对不应该为自己所有的贪爱，非法侵占。不是好因好缘的爱是害人害己，爱也能造成罪恶。

诚然，爱是罪恶之源，爱也是生死之本。但是虽然有爱才有生死，然而水能覆舟也能载舟；爱虽然让人迷失，然而爱也能让人升华。佛世时，摩登伽女因为迷恋阿难尊者，经过佛陀善巧度化，终于觉悟"爱是苦的根源"（《楞严经》）；莲花色女在感情的世界里受到创伤，故以玩弄爱情为报复，后经目犍连尊者开道，终于认识"不当的爱是罪恶的根源"，于是迷途知返。

爱维护了伦理，爱制定了秩序；父母、夫妻、子女、朋友之间，是靠爱来维系关系，是靠爱来制定层次。一个人如果连父母、夫妻、儿女都不要，如何爱所有众生？甚至有的人自杀轻生，自己毁身灭体；一己之不爱，如何爱他人！因此《华严经》告诉我们，要"爱人如爱己，率己以随人"。

有爱就有力量，有爱就有希望，因为爱是人类与生俱来的本能，只要合乎法律、道德，只要合乎情法的世间人伦，佛教并未否定和排斥。佛教对爱不执不舍，尤其人间佛教更要提倡过中道的生活，要用慈悲来净化所爱，要用智慧来领航所爱，要用善美来成就所爱，要用德行来加持所爱。人的生命从爱而来，吾人更应用纯爱、真爱、慈爱、净爱，来庄严美好的人间。

五、社会观（群我之道）

人是群居的动物，不管在家庭、学校或社会上立足，都免不了要与人群接触。人际关系是现代人处世很重要的一环，许多人生活里所以有忧苦烦恼，都是肇因于群我的人际关系不和谐。因为不懂得如何善待"你"，也不自知如何修持"我"，甚至还强立分别你和我，因此产生人际纷争。

其实，人我之间的关系，都是靠缘分来维系，善因得善果，恶缘招恶报。

然而一般人往往不能了悟这层因果关系，不仅不能相互成就，反而常常因为不服气别人比我好、比我高、比我大，而千方百计的和对方计较、争夺，总希望自己能胜过别人、赢过别人。人，一旦有了计较、比较之心，有了人我的利害得失之心，即使亲密如家人，恩爱如夫妻，也不能避免互相斗争。

佛教的僧团本身就是一个社会，"僧伽"的意思就是"和合众"。佛陀虽然重视独修，但也建立僧团，表示佛教对群我关系的重视。在佛门里有谓"丛林以无事为兴隆"；人和，才能无事。《三皈依文》说："自皈依僧，当愿众生，统理大众，一切无碍。"所谓"统理大众"，即"人和"二字而已。僧团里平时依"六和敬"来维系人事的和谐，即，身和同住（行为礼敬）、口和无诤（语言和谐）、意和同悦（善心交流）、戒和同遵（法制平等）、见和同解（思想统一）、利和同均（经济均衡），因此又称"六和僧团"。

《阿弥陀经》云，西方极乐净土"诸上善人，聚会一处"。之所以如此，就是因为和谐。和谐就是净土，一家和谐，就能一家快乐；一个社区和谐，社区就能平安。此外，解空第一的须菩提，因为深入空理，故而所证的"无诤三昧"，最为第一；乃至戒律学上的"七灭诤法"，都是僧团和谐的圭臬。

佛教是以人为本的宗教，凡是人生的各种问题，在佛法里都有圆满的解决之道。例如对于人我是非，《增壹阿含经》中举出四种处理方法："不诽谤于人，亦不观是非；但自观身行，谛观正不正。"

此外，人人都希望有好的名声，然而有的人过分地希求令名，不惜自赞毁他，说人长短过失，不但容易与人结下恶缘，而且有失厚道，往往反招恶名，所以《六波罗蜜多经》说，想要获得好的名声必须注意："不说他人过，亦不称己德；智照无自他，当获大名称。"

《出曜经》亦说："不可怨以怨，终已得休息。"以怨报怨，永远不能息怨，唯有以德报怨，才能结束一切冤怨的根本。例如提婆达多虽然一再和佛陀作对，甚至三番两次设计陷害佛陀，但是有一天提婆达多生病了，群医束手无策，佛陀还是亲自前往探视，给予无尽的关爱。佛陀的懿行，正如《六波罗蜜多经》说："不念他人恶，常思其善事；智慧离分别，人中最第一。"

世间人都希望自己比别人伟大，因为有胜负之心，争执也就层出不穷；诚如《法句经》说："胜则生怨，负则自鄙；去胜负心，无争自安。"如果我能怀着尊重你的伟大，我有拥护你、成就你的心态，自然能化戾气为祥和。

一般人总希望自己拥有的比别人多，而不顾别人的空乏；

一般人总是好逸恶劳，只求一己逸乐，不顾他人苦楚；甚至争功诿过更是一般人的通病，也是纷争的原因。如果人人都能承认自己错、自己坏，凡事不推诿、不卸责，所谓"如有暴恶人，非理相加谤；智者以诚言，安忍能除遣"（《诸法集要经》），则人我关系自然能和谐无争。

现代的社区提倡守望相助，邻里之间要互相敦亲睦邻，对独居长者要主动关怀，殷勤慰问。佛教的《大宝积经》更说："在家菩萨，若在村落，城邑郡县，人众中住，随所住处，为众说法。不信众生，劝导令信；不孝众生……劝令孝顺。若少闻者，劝令多闻；悭者劝施，毁禁劝戒，嗔者劝忍，懈怠劝进，乱念劝定，无慧劝慧，贫者给财，病者施药，无护作护，无归作归，无依作依。"

一个团体里，能干的人，大都能促进和谐；不能干的人，则容易引起纷争。人与人之间，能够容许异己的存在，就能和谐；尊重宽谅，就能和谐。

《华严经》有谓："说四摄法，令众生欢喜充满十方。"想协调人际间的关系，行四摄法是最好的法门。所谓四摄法，即布施、爱语、利行、同事。不论我们布施的是金钱、财物，或力量、言语，都能使人感到欢喜，有利于彼此的往来。说赞美他人的话，做有益他人的事，表示与他是平等地位，和平相处，都是处事接物的妙方。佛经常教我们要广结善缘，就是要我们不侵犯他人，不辜负他人，并且要多多给人方便，因为给人方便就是给自己方便，不侵犯他人，才能使得他人乐意与你交往。

其实，人我彼此都是相关一体的，都是因缘的相互存在。每一个人都只是世间的一半，甚至是三分之一；"我"以外还有一个"你"，你以外还有一个"他"，你我他之外，还有周遭接触的各种人等。

人与人之间如果关系良好，相助相成，这是很大的福分；如果相嫉相斥，则痛苦不堪。人我之间，重要的是相互尊重、包容、谅解、帮助，如果有一方不能体谅另一方，则人我之间必然会发生问题。

总之，人所以会有纷争、不平，就是因为"你、我"的关系不协调。因此，想要获得和谐融洽的人际关系，唯有把"你"当作"我"，你我一体，你我不二，能够将心比心，彼此互换立场，才是和谐群我关系的相处之道。

六、忠孝观（立身之道）

俗云："忠臣出于孝子之门。"一个能尽忠于国家的臣子，必然也是侍亲至孝的人子；一个懂得孝顺父母的人，也才能尽忠于国家。忠孝是齐家、治国、平天下的根本，在"青年守则"中开头第一条就标示："忠勇为爱国之本"，第二条接着揭橥"孝顺为齐家之本"，中国数千年的历史文化，无非是教导人民如何尽忠尽孝。所以，家中如果出了一位忠臣或孝子，全乡里的人莫不同感无比的光彩；反之，一个人如果悖忠逆孝，则将为人所唾弃，必定很难在社会上安身立足。

谈到忠孝，过去一般人总认为佛教出家遁世，逃避世间，对于忠孝之道无法克尽本分。其实佛教和儒家一样，非常重视人伦关系、道德纲常，尤其注重忠孝的实践。《净名经关中释抄》说："忠则爱主，孝则爱亲。"《释氏要览》更说："国有君王，一切获安，是故人王为一切众生安乐之本。在家出家，精心道检，皆依正国而得住持，演化流布。若无王力，功行不成，法灭无余，况能利济。"因此《心地观经》说世间有四种恩，应该晨暮回向祝祷：

"一父母恩，二众生恩，三国王恩，四三宝恩。"此中所谓国王恩，即代表国家也。

此外，在《杂宝藏经》中，佛陀曾提出十种譬喻，说明人民应该如何尽忠仁王国君，并且进一步告诉执政的人主，应该如何爱护他的子民，为他们尽忠。经中说："王当如桥，济渡万民；王当如秤，亲疏皆平；王当如道，不违圣踪；王者如日，普照世间；王者如月，与物清凉；王如父母，恩育慈矜；王者如天，覆盖一切；王者如地，载养万物；王者如火，为诸万民，烧除恶患；王者如水，润泽四方。"

一国之君既具备如此的仁德懿行，为人臣民自然会竭诚殚智地尽忠效命；同理，君王官员对于黎民百姓也应该尽心爱护，为他们谋幸福。尽忠是人我之间彼此互敬的关系，非常平等。因此，《尼乾子经》说，国君官员应该做到如下八点，以表示他们对部下僚属的尽忠："一者，念诸一切众生如念子想；二者，念于恶行众生如病子想；三者，常念受苦众生生大慈心；四者，念受胜乐众生生欢喜心；五者，念于怨家众生生护过想；六者，能于亲友众生生覆护想；七者，能于资生之中生如药想；八者，能于自身生无我想。"

佛陀认为理想的尽忠之道，应该是君仁臣敬，彼此互爱的融和关系，而不是上暴下惧、交互争利的各怀鬼胎。

关于尽忠，古代的沙门释子为了国家的安危，忠贞爱国从来不落人后。例如宋朝遭遇靖康之难，徽、钦二帝被掳，康王在江南即位，礼聘法道禅师参与军机大事，筹募军粮，对于日后南宋江山的保安稳定，有举足轻重的贡献。唐安禄山之乱，经济凋敝，幸赖神会大师贩卖度牒来资助军需，才得以平定叛军，这是佛教在灾难乱世对国家的效忠事迹。

佛光山大智殿设有"宗仰上人纪念堂"，是为了纪念栖霞法脉的一代高僧宗仰上人。宗仰上人在民国缔造之前，曾经加入孙中山先生所领导的同盟会，捐助资金，帮助孙中山先生完成革命，当初他与孙先生往来的书信，都被妥善地保存至今。

除了历代高僧大德对国家竭尽忠诚之外，已经成就佛道的释迦牟尼佛本身，曾经为了阻止琉璃王举兵侵略祖国，而于烈日当空之时静坐路中，致使琉璃王三次进兵，三次都被佛陀的慈悲所阻挡，可见佛陀和一般人一样的爱国。

佛陀不但尽忠，也非常重视孝道。佛陀的父亲净饭王去世，出殡时佛陀也参加了诸位王子抬棺的行列，亲自为父亲抬扶棺木(《佛说净饭王般涅槃经》)。佛陀为了报答母后摩耶夫人的生育之恩，特地以神通到忉利天宫为母亲说法三个月(《佛升忉利天为母说法经》)。佛陀为了感激姨母大爱道夫人的抚养恩惠，广开方便慈悲法门，允许五百位释迦种族的女众出家，佛教终于有了比丘尼的教团。佛陀为了成就目犍连尊者救母于倒悬的孝心，宣说《盂兰盆经》，为后世弟子辟出一条孝亲的法门捷径。乃至中国历代高僧也有不少感人的孝亲事迹(见伦理观)，在在说明佛教的孝亲思想浓厚。

此外，佛教的经典，如有名的《地藏经》《盂兰盆经》《父母恩重难报经》等，都是阐扬孝亲之道的经典，其他的三藏十二部之中，也经常可看到佛教的孝亲思想。譬如《梵网经》上说："孝名为戒，亦名制止。"孝顺生身父母固然是孝，持戒不犯他人，以法制止身心行为，更是对有情众生的孝顺。

从上述佛陀对忠孝的诸多懿行及教诲中，不难看出佛门的忠孝观不同于古代儒家所谓"君要臣亡，臣不亡不忠；父要子死，子不死不孝"，那种陷君亲于不义不仁的愚忠愚孝之忠孝观念。

佛教认为，所谓"忠"，有诚实不二、锲而不舍，有一心一德、贯彻始终的意思。过去一谈到忠，一般人大都只想到承侍君王、对国家尽忠；实际上，应该扩大尽忠的层面，例如夫妻之间要忠诚，朋友之间要互信，乃至对工作要尽责，对自己的承诺要信守，对心中的信仰要坚定，甚至对自己豢养的小猫、小狗，既然养它，就要全始全终的照顾它等等，都可称之为忠。

所谓忠者，不能见利忘义，不能见异思迁。忠，就是要把本分的事如实做好，例如小学生要把小学的课业照顾好，中学、大学要把中学、大学的学业完成，如果胡混日子，就是不忠于自己的本分。

忠，是一种信仰，是一种坚持，也是一种善的执着，所以尽忠的对象也要有所选择，要看值不值得。所谓"良禽择木而栖，忠臣择主而事"；尽忠的对象必须是好的、善的、正的，要有仁义，不能尽忠邪恶，那是非法的，所以忠也要讲中心、讲正派、讲善美。

　　忠，是发扬仁义、慈悲、信仰。所谓"忠君爱国"，意思就是说，忠和爱是同等的。你对他效忠，就必须爱他；既然爱他，就必须对他尽忠。

　　过去蒋介石提倡要忠于领袖、国家、责任、荣誉，把领袖摆在第一位，这是以个人为尽忠的对象；但是佛教主张"依法不依人"，所以要为法尽忠，要忠于制度、忠于团体，不能只为某个个人尽忠。

　　尤其，忠是双向的，不是只有臣对君，君对臣也要尽忠。忠里面有是非，有正邪，有好坏，这是应该加以分别的；但是忠里面没有得失，没有时间长短，没有利害关系，只要是应该尽忠的对象，尽管对我不利，我也要尽忠，这才叫作忠。

　　忠的含义，就是专注、不二、完成、圆满的意思：能够专注不二，不计成败地竭尽自己的忠诚，完成自己的责任，当下即已圆满忠贞之行。所以所谓"尽忠"，并不是要我们捐弃生命，做无谓的牺牲，只要每个人都能站在个人的岗位上，把分内的工作做好，尽到本分应尽的责任，就是尽忠。譬如家庭主妇把家里整理得窗明几净，有条不紊，像乐园净土一般，就是对家庭尽忠；社会上每一个分子都能努力工作，不偷懒，不取巧，就是对社会国家尽忠。身为佛教徒，凡我佛子，都能奉行佛法，以佛法来净化人心，改善社会风气，使民风敦厚，就是对国家民族尽忠。

　　自古以来，佛教寺院的设立，使每一个民众在心灵上点燃一盏明亮的灯火，祛除黑暗的愚痴无明，重现智慧光明，给予心理建设，给予精神武装，这就是佛教对社会大众尽忠；佛弟子实践佛陀的教示，以慈悲来化导暴戾，以忍辱来消除怨敌，以智慧来教育顽强，这就是佛教对一切众生的尽忠。所以，忠的含义，不仅仅是狭义地尽忠某一个人，或对某种特定对象的恭敬崇拜，忠是更广义地对大众的服务奉献。在家庭里，要忠于家人，忠于为人夫、为人妇的一份职责；在社会上，要忠于团体、忠于公司、忠于主管上司，克尽为人部属的一份责任。与人相处要忠于道义良心，追求理想要忠于自己的原则立场，在我们的生活里，忠的美德和我们的关系非常密切，内心忠诚的人，往往是世路的明灯，光照八方。忠的懿行，对我们人格的成长影响至深且巨。

　　忠和孝往往是相提并论的。忠是信仰，是追随，是学习；孝是恭敬，是爱护，是孝养。谈到孝顺，一般人以为只要对自己的父母克尽奉养，就是孝顺了。事实上，乌鸟禽畜尚且知道反哺，奉养父母只是孝顺最基本的一环，除了对父母尽孝之外，更要扩而充之，对宗族尽孝，甚至进一步扩大为对整个民族尽孝，对一切众生尽孝。

　　所以，现在的养老育幼，都是为了尽孝；现在的慈悲喜舍，就是要用孝敬的心来完成。我们不但要对父母尽孝，对民族、同胞、人类，都要尽孝；我们不但要对长辈尽孝，对残障、老弱也要孝养。

所谓"孝"，是爱心的表现，孝是对国家、亲人一种至真感情的流露，孝是人我之间应有的一份责任，孝是人伦之际的一种密切关系，孝维持了长幼有序，是父母子女世代相承的美德；孝是对生命的挚诚感谢，更是无悔无怨的回馈报恩。佛教认为，为自己所爱是小孝，为家族亲人为中孝，为国家民族是大孝。甚至《佛说盂兰盆经》说："佛弟子修孝顺者，应念念中常忆父母，供养乃至七世父母。"佛陀不仅教育弟子们要孝顺当世父母，更要孝顺七世父母，乃至一切众生父母。因此，孝的意义，并不限于对今生今世父母的孝思；孝顺应该从自己的亲人做起，进而"不独亲其亲，不独子其子"地扩充至社会大众，乃至一切无量无尽的众生。不仅要孝顺自己的父母，更要泽被广大的众生父母，全心全力解决一切有情的烦恼，这才是佛教理想中的至孝。正如《金刚经》说："所有一切众生之类，若卵生、若胎生、若湿生、若化生，我皆令入无余涅槃而灭度之。"这才能说是为众生尽孝。

如果说忠是与国、与民、与己的关系，那么孝就是与亲、与人、与生的关系。中国文化主张三纲五常，但是一切人生的重心主要在孝道的阐明，以孝顺为中心，扩而充之，对国家的孝顺就是忠，对兄弟的孝顺就是悌，对朋友的孝顺就是义，乃至对众生的孝顺就是仁。尤其今日提倡孝道，就是要如何积极去孝养父母，解决老年的孤苦，甚至解决同胞民族之间的老人问题，这才是真正的大孝。

忠孝在人间，彼此是相互的。一条忠狗为主人尽忠，因为感念主人对他的爱护；大臣为领袖尽忠，也是感谢君王的知遇、赏赐。我们想要别人对我们以忠孝来往，就必须先为对方付出忠诚和孝养。

偈云："佛在灵山莫远求，灵山只在汝心头；人人有个灵山塔，好向灵山塔下修。"所谓忠孝，都是由吾人内心所激发出来的一种感情、良知，一种爱心和美德，忠孝是维系人类关系的伦理纲常，唯有把忠孝的精神发扬起来，让忠孝、慈悲、爱心遍于一切时、一切处，我们的社会才会更有秩序，我们的家庭才能更加美满。

七、财富观（理财之道）

人生在世，必须有正当的事业，通过勤奋经营，使得衣食丰足，生活安定，然后才能从事种种的善事，此即所谓"衣食足，然后礼乐兴"也。

　　然而过去原始佛教的行者大多不重视财富而重清修，他们追求朴素淡泊的生活，倡道清贫思想，认为简朴才是修行，淡泊才是有道。其实从大乘佛教的经典来看，例如《阿弥陀经》的极乐世界，黄金铺地，宫殿楼阁皆为七宝所成，极尽庄严堂皇；菩萨莫不宝冠顶戴，璎珞披身，富贵无比。因此，修学佛法不一定要以穷苦为清高。只要"平直正求"，佛教鼓励在家信众可以荣华富贵，可以营生聚财，如《大宝积经》说："在家菩萨，如法集聚钱财封邑，非不如法。"而且有了财富以后要"给事父母妻子，奴婢诸作使者。以如法财而给施之"。意思是说，在家营生，要积聚有道，要合乎八正道的正业与正命，如《杂阿含经》说："营生之业者，田种行商贾，牧牛羊兴息，邸舍以求利。"只要能将本求利，勤劳赚取，无论是农牧收成，或是经商贸易、企业经营、投资生息所得等等，都是佛教所认可的经济营生。

　　反之，非法所得的财富，例如：窃取他物、违法贪污、抵赖债务、吞没寄存、欺罔共财、因便侵占、借势苟得、经营非法、诈骗投机、放高利贷等，则为佛教所不许。

　　此外，举凡违背国法，譬如贩卖毒品、转卖人口的职业，或者违反佛法的不当工作，例如屠宰、酒家、赌场等，都在禁止之列，也就是和佛教不杀生、不偷盗、不邪淫、不妄语、不吸毒等根本大戒触逆的职业，都是佛教所不允许。

在《中阿含经》里也有提到取财有六种非道，不可为之：（一）种种戏求财物者为非道，如赌博、竞胜、比武等皆是。（二）非时行求财物者为非道，非时行是指昼夜颠倒，不顾家庭眷属，如玩弄娼妓，不务正业，即世间的浪荡子。（三）饮酒放逸求财物者为非道，酒能乱性，饮酒的人必多放逸，不事生产。（四）亲近恶知识求财物者为非道，指亲近恶友不但不能得财，反而有倾家荡产，甚至丧命的灾祸。（五）常喜妓乐求财物者为非道，指性好歌舞娼妓，任意浪费。（六）懒惰求财物者为非道，指性好游荡，不喜作业，凡寒热饥饱都有借口，不肯做事。

以上六种皆是消耗财物不能生产，不但现世劳神丧财、身败名裂，而且来生堕苦趣、失人身，所以说是非道，亦即非人伦善道也。

有了金钱财富，还要懂得怎样处理自己的财富，这才是重要的课题。在《杂阿含经》里面有一首偈语说："一分自食用，二分营生业，余一分藏密，以拟于贫乏。"意思是说：假如你每一个月有十万元的收入，你应该拿出四万元来经营事业；两万元做家庭生活所需；两万元储蓄以应不时之需；剩余之两万元用以布施，回馈社会，救济贫乏。

此外，在《大宝积经》中，佛陀以波斯匿王为例，告诉我们财富处理的方法。因为波斯匿王已经不需要为生活计算，因此他处理的方法是分作三份，三分之一用来供养宗教，三分之一用来救济贫穷，三分之一用来奉献给国家作为资源。

在《般泥洹经》中，对财富的处理方法则说，除了生活所需之外，分为四份，一份供养父母妻子，一份补助仆佣属下，一份施给亲属朋友，一份奉事国家沙门。

说到财富，财富有狭义的财富，有广义的财富；有有形的财富，有无形的财富；有现世的财富，有来世的财富；有个人的财富，有大众的财富；有物质的财富，有精神的财富；有一时的财富，也有永久的财富。

佛教不但重视一时的财富，更重视永久的财富；不但重视现世的财富，更重视来生的财富。佛教不但重视狭义的金钱财富，尤其重视广义之财，例如：健康、智慧、人缘、能力、信用、口才、声望、名誉、成就、历史、人格、道德等。这些无形的财富比之有形的财富更好。佛教不但重视私有的财富，尤重共有的财富，例如：道路、公园、河川等公共设施，以及花草树木、日月星辰、天地万物的生态维护等；并且主张以享有代替拥有、以智慧代替金钱、以满足代替贪欲、以思想代替物质，发挥普世的观念，建设共有的胸怀。

也就是说，佛教认为真正的财富，不一定是银行里的存款，也不一定是指土地、房屋、黄金、白银，这些都是五家所共有，个人无法独得；人生唯有佛法、信仰、慈悲、发心、满足、欢喜、惭愧、人缘、平安、健康、智慧等，才是真正的财富。

对于现世的财富，佛教认为要想广聚财富，必须平时养成储蓄的习惯，有了收入，能少分少分累积，犹如蜜蜂勤勉地在花丛中穿梭采集花蜜，点滴储藏，酝酿成蜜而富足。因此，《长阿含经》告诉我们："积财从小起，如蜂集众花；财宝日滋息，至终无损耗。"

此外，佛教对于财富的看法，首先以"因缘果报"说明财富的获得，应从培福修德、广结善缘而来，并且"要能运用财富，而不为财富所用"；尤其本着六和僧团的精神，重视"利和同均"，十分合乎现代人共有、共荣、共享的观念。

佛教对钱财的看法是"非善非恶"，佛教并不完全否定钱财，黄金是毒蛇，黄金也是弘法修道的资粮。根据经典记载，佛教的信众中不乏大富长者，如须达长者"布施精舍"（《分别功德论》）、毗舍佉"四事供养"（《四分律》）等，都受到佛陀的赞美。因此，佛教不能过分倡道贫苦思想，因为朴素淡泊用来自我要求是道德，用来要求别人则为苛刻。

金钱不但是学道的资粮，也是一切佛化事业的基础。佛学院、禅堂、念佛堂、学校、医院、电台、杂志社等，都需要金钱才能推动。所以，金钱并不完全是毒蛇，佛经所谓"净财""善财""圣财"，只要能善用金钱来弘法利生，其功德比装穷学道更大，更有意义，更有智慧。

因此，学道并不一定要贫穷才是有道心；大乘佛教主张个人可以清茶淡饭，所谓"三衣一钵""衣单二斤半""头陀十八物"，但是寺院团体不能不要财富。自古寺院建筑，朱檐碧瓦，雕梁画栋，富丽庄严；亭台楼阁、廊院相接，重重叠叠，幽远深邃，因此有谓"佛门净土"，佛门其实就是一个清净庄严的世界，一个安乐富有的世界。

是以人间佛教应该重新估定财富的价值，只要是合于正业、正命的净财，应是多多益善；只要能对国家民生、对社会大众、对经济利益、对幸福快乐生活有所增益的事业，诸如农场、工厂、公司、银行等，佛教徒都应该去做。因为有钱并不可耻，贫穷才会招来罪恶。

八、福寿观(拥有之道)

多福多寿是人生在世普遍的希求，如何求得大富大贵、长命百岁，这是世人共同的愿望。但是福寿往往很难兼得，有人富可敌国，却英年早逝，无福享受，有人老耄长寿，却一生穷苦潦倒。欲得福寿绵延，必须福德因缘具足，才能增广福寿，绵延无量。

如何培植福寿的因缘呢？依佛教的看法，福寿不是上天所赐，不是他人给予，而是自己的业力感得，所谓自作自受，自己的净行善业能为自己带来无尽的福寿，自己的劣行恶业也会断绝福寿的因缘，糟蹋自己的幸福。佛教所讲的五戒，不偷盗就能拥有福报，不杀生就能永保长寿，因此遵守佛教的五戒，就能得到福寿。

《八关斋经》也说，受持八关斋戒，"福不可称计"。《法句经》则说："能善行礼节，常敬长老者；四福自然增，色力寿而安。"《法苑珠林》也告诉我们，如果实践七种布施法门，可以获得无量的福寿：一设立佛像僧房。二种植树木果园。三常施医药救病。四打造船只渡人。五建设桥梁道路。六点灯凿井施茶。七建造浴厕便民。《大教王经》更说："欲得福禄，欲得长寿，福庆增盛，果报圆满者，应当作善，莫损僧宝，不灭法宝，不除佛宝。所得王位亦不动摇，所作大臣亦不损坏，所得人身延年益寿。"三宝、父母、师长、弟子、病人、急难、根缺、百苦，都是我们生长福寿的福田。

此外，印光大师在《心命诗》说：

　　心好命又好，富贵直到老；命好心不好，福禄
　变祸兆。心好命不好，转祸为福报；心命俱不好，

遭殃且贫夭。心可挽乎命，最好存仁道；命实造于
心，吉凶唯人召。信命不修心，阴阳恐虚矫；修心
一听命，天地自相保。

一切的福寿果报都离开不了心地的修持，心地纯善，平
时又能与人结缘，培植福寿的因缘，自然富贵随身，长命百
岁。存心险恶，虽然能够左右逢源，享受一时的快乐，但是
转瞬间就变成灾难祸殃。譬如抢劫偷窃别人的财富，虽然得
到短暂的欲乐，但是却埋下日后服刑受苦的恶因，好比以舌
头舔食剑上的蜂蜜，虽然尝到甜美的蜂蜜，却把舌头也割伤
了。因此虽然眼前因缘不具足，只要宅心仁厚，心存慈悲，
有一天灾祸也会转变成幸福。

求福添寿的因果之道固然经中多所明示，然而社会上一
般人总认为要长寿多福，应该向神明、菩萨、佛祖祈求，把
信仰建立在贪求、餍取的层次上。其实《法句经》说："祭神
以求福，从后观其报；四分未望一，不如礼贤者。"

福寿并不是有求必得的，如果自己不去培植福寿的因缘，
福寿是不会凭空降下的。所谓"生天自有生天福，未必求仙便
成仙"，自己不努力去自求多福，而把一切的责任完全推诸于
神明佛祖的身上，如此不合乎因果道理，正如把一块沉甸甸
的石头放置在水中，却违反常理的希望石头不要沉入水底；

相反的,《龙舒增广净土文》说:"现世多为吉善则增福寿……现世多为罪恶则减福寿。"如果我们所作所行合乎因果法则,应该享有福寿的果报,龙天神明也无法一手遮蔽,抹杀我们所应享有的果报,正如浮荡在水面上的热油,纵然有人祈求说:"油呀!油呀!请你沉下去吧!"油是不会和他相应沉淀水底的。因此福寿的获得,是别人无法操纵的,即使神明也不能掌握我们的生死祸福,一切都取决于我们自己是否努力去播种福寿的种子。

福寿具足虽是世人普遍的愿望,尤其"五福临门"—福禄寿财喜这五福齐降门庭,更是一般人心目中所企盼的幸福。然而果真拥有这五福,人生就美满无憾了吗?人生的幸福快乐就仅仅止于这五福的获得吗?其实世间一切都是有为法,福寿本身有时也有它们的缺陷,不是无漏究竟的。举例说,一般人常欣羡别人说:"你真有福气!"有"福"就会有"气"!福是伴随着气一齐而来的。譬如儿女成群,儿女所带来的闲气也不在少数,幼小时担心他身心的成长;长大了忧心他能否成龙成凤;即使成家立业了,还要挂心他家庭是否美满、事业是否顺利。如果遇到不肖子弟,操心的事就更多了!儿女多,福气多;钱财多,福和气更如影随形接踵而至。钱财多,有时固然可以享受声色之娱,但是钱财有时也会带给我们意想不到的烦恼,何况周转不灵时,银行三点半那种焦虑的滋味，如同烈火焚身一样难忍。

福和气如身影一般关系非常密切，寿和老也焦不离孟、孟不离焦，无法分开。如平时我们也常听到有人说："祝你长命百岁"，甚至说"愿你活到一百二十岁"。

活到一百二十岁的人瑞也许是人人羡慕的对象，但是一个人如果真的活到一百二十岁，也许他一百岁的儿子已经寿终了，八十岁的孙子也逝世了，甚至六十岁的曾孙也撒手尘寰，一个须发皤皤的老人活得这么长久就为了要为儿孙送葬？这样的一百二十岁，生命的意义究竟在哪里？

所以，佛教认为世间上的福寿并不究竟，不是我们所要追寻的目标；不过佛教也并非排斥对福寿的追求。只是佛教主张"求福当求智慧福，增寿当增慈悲寿"。只有福报，没有智慧，就如独轮难行，单翅难飞，必须融合了智慧的福报才能功行圆满，有了智慧的福报，才能运用智慧把自己的福报回馈给一切众生。同样的，只有长寿而不知行善，这种长寿对众生而言，没有存在的意义。因此我们应该追求的是智慧福、慈悲寿。

说起寿命，人的生命，这一期过了，还有下一期，甚至有无限期的生命；正如花果萎谢了，只要留下种子，就会有第二期的生命、第三期的生命，乃至无量无限期的生命。也就是说，人的躯体是有为法，是有生有灭的；但是生命、心灵是无为法，可以无量寿。所以，求寿当求"无量寿"。

"无量寿"是阿弥陀佛的名号；阿弥陀佛不但"无量寿"，又称"无量光"。无量寿是超越了时间；无量光是超越了空间。如果我们能把自己的精神、智慧、贡献，都流入到无限的时空中，我们不就是"无量寿"了吗？因此，人除了珍惜肉体上的寿命之外，更应该留下：

（一）**事业的寿命**　开创事业，造福邦梓，泽被社会人群，譬如创建公司、工厂，一经营就是几十年，甚至百年老店，不但本身投注毕生的岁月，子子孙孙继承不辍，就是一种事业上的寿命。

（二）**文化的寿命**　人类生命的可贵，就在于文化的传递，祖先的嘉言懿行、历史的经验轨迹，都是我们文化的宝贵财产，如中国文化史上的文物、典籍，乃至佛教三藏十二部的经典结集，都是后世佛弟子要珍惜的文化寿命。

（三）**言教的寿命**　古人所谓立德、立功、立言，古今圣贤的珠玑教谕，让后代的人不断地沿用，他们的教言是人类智慧的遗产、文化的宝库。通过古人的著书立说，传之其人，文化得以薪火相传地绵延下去，言教上的寿命是超越时空，是和心灵交会的生命。

（四）**信仰的寿命**　中国人非常注重传宗接代的观念，事实上，不仅肉体寿命要传递，事业的寿命要接棒，信仰的寿命更要代代相传，灯灯相续，世世代代皆为正信的佛弟子，续佛慧命，就是信仰的寿命。

（五）**道德的寿命**　古人说"典范在宿昔"，中国历代的圣贤舍身成仁、杀身取义，道德的馨香遗留千古，后世缅怀，这就是"立德"的完成。

（六）**智慧的寿命**　智慧的寿命是解脱的、清净的生命，它包含欢喜、无私、慈悲、智慧的无量功德；无尽知识的宝藏，是佛弟子应该努力体证与完成的生命。

（七）**功德的寿命**　信众在寺院中建殿堂、造宝桥、装佛像、印经书、植草木、供道粮等功德，留在道场中的是后人缅怀的事迹，子孙引以为傲的福德。僧众遗留在寺院中的功德是修持道行的潜移默化，除了升华一己的生命，更是长养后学修道者的信念，这种纯粹无所得，又无所不得的功德是永恒的寿命。

（八）**共生的寿命**　佛教中根深蒂固的惜福、惜缘等观念，用之于今日，就是爱护地球、注重环保、珍惜资源。让共生的环境、因缘能够持续，使互存的时空、条件得以绵延，俾令子孙后代在地球上能获得安乐、幸福、自在的共生寿命。

孔子说："朝闻道，夕死可矣!"生命的意义，不在尸位素餐，而在于明理达道，于世有益。因此《法句经》说："若人寿百岁，不知大道义；不如生一日，学推佛法要。"世间上的寿命纵然如彭祖活到八百那样长寿，最后仍然免不了生老病死的现象；世间上的福乐纵然贵如帝王一般稀有，终究归于生灭幻空。因此，我们追求福报要追求生生世世的永久福报，而不要追求一世一时的短暂福报，如《金刚经》所言，一生一世的幸福是有限、有量、有尽、有为、有漏；永久的幸福是无限、无量、无尽、无为、无漏，是盗贼不能偷、水火不能侵，是永恒不缺失的幸福。

有人说："人生七十古来稀"；张群说："人生七十才开始"。人的一生当中，即使你活了一百二十岁，你拥有家财万贯，但你究竟真正"拥有"多少？又"享有"多少呢？在时间上，即使你"拥有"人生百岁，但是你曾"享有"几时的清闲？在空间上，你"拥有"华屋美厦千万间，但是你可曾"享有"清酣无梦的睡眠吗？在人间里，你"拥有"家人，家人是你的吗？你"拥有"许多事业，那些事业都能靠得住吗？所以，世间上你所"拥有"的，不一定都能为你所"享有"；不是你所"拥有"的，也并不代表你就不能"享有"它！

因此，人的生活，重要的是要过得自在、欢喜。日常生活要有规律秩序，早睡早起，有一定的作息；心情要保持安和愉快，不轻易闹情绪，不随便发脾气；要把自己忙碌起来，忙碌于学习新的知识技能，忙碌于事业的创造，忙碌于服务社会人群，忙碌于自我生命的提升，把自己的生活充实起来，让烦恼没有一丝空隙可乘，如此自可享受放旷逍遥的欢乐人生！

总之，人到世间上来，除了要把握时间、争取时间、利用时间多做有益社会人群的事，以延长时间上的寿命以外，更应该努力创造美好的语言寿命、芬芳的道德寿命、显赫的事业寿命、不朽的文化寿命、坚定的信仰寿命、清净的智慧寿命、恒久的功德寿命、互存的共生寿命，如此才是真正拥有了福德与长寿。

九、保健观(医疗之道)

世间上最宝贵的不是金钱、名利，也不是权势、地位，世间上最宝贵的是健康，有了健康，才能享受幸福的人生。因此一个人尽管事业有成，家财万贯，童仆成群，大厦千间，如果没有健康的身体，一切都不是我的，所以平时注重身心的保健，这是人生重要的课题。

然而"诸法因缘生，诸法因缘灭"，在缘起缘灭的世间，生老病死是不可避免的现象，尤其人吃五谷杂粮，难免会有生病的时候。《佛医经》中提到，人会生病的原因有：久坐不食、过度疲劳、饮食无节制、忧愁、纵欲、嗔恚、忍大小便、忍呼吸、忍放气等等。

《清净道论》指出引起疾病的原因有八，即，风、痰、饮食不调、业、外伤、非人、鬼、魔所致。

《摩诃止观》提到造成疾病的原因有六种，即，四大不调、饮食不节、坐禅不调、鬼神得便、魔神所扰、恶业所起。前三种因素引起的病，只要改善饮食，不受病菌感染，即可治愈；后三者则与患者自身的业力相关，必须借由拜佛礼忏修福，才能减轻病苦。

总结说来，致病的原因不外乎下列两种：

（一）**四大不调**　人身是由四大假合而成，《南海寄归内法传》卷三云："凡四大之身有病生者，咸从多食而起，或由劳力而发。"《小止观》说，人身四大各能生一百零一病，合生四百四种，即一切身病的总称。其中，地大病相为身体沉重，坚结疼痛；水大病相为饮食不消，腹痛下痢；火大则会全身发热，大小便不通；风大会引起肺闷，气急呕吐。

（二）**贪嗔痴毒**　外在的四大不调固然是致病的因素，内在的贪、嗔、痴三毒更是引发各种疾病的主因。《维摩诘经》说："今我此病，皆从前世妄想颠倒诸烦恼生。"众生因为执着了我相，所以才产生烦恼和疾病。《大智度论》卷十四云："嗔恚其咎最深，三毒之中，无重此者；九十八使中，此为最坚；诸心病中，第一难治。"

智者大师认为：沉迷色境的人多半会生肝病，贪享声音的人多半会生肾病，贪爱香气的人多半会生肺病，贪图口味的人多半会生心病，眷恋触觉的人多半会生脾病。可见凡事以中道为宜，否则贪图睡眠容易造成惛沉；贪求美味，吃过多的高脂、高糖的食物，容易引起诸多慢性病；缺乏运动、噪音过高等，容易造成现代人的文明病。

现代生理学也认为，忿怒、愉悦、忧愁、恐惧、悲伤、激动等心理反应，会影响体内的生理变化，久而久之，造成不易治愈的疾病，例如：消化性溃疡、精神疾病等。医学研究报告中提到："当一个人不快乐、发怒或紧张受压力时，脑内会分泌'去甲肾上腺素（Noradrenaline）'，这是具有毒性的。"

由于众生的病苦，除了来自身体器官的疾病之外，还包括心理的疾病，也就是贪嗔痴等无明。佛陀为了医治众生身心的病痛，以一生的时光演说三藏十二部经典，指出一帖帖疗治身心的药方。因此，经典里比喻"佛为医师，法为药方，僧为看护，众生如病人"。

佛陀不仅是善疗众生身体疾病的大医王，更是擅于对治众生各种心理病症的心理医师。例如佛陀敷设三学、六度、四无量心、五停心观等八万四千法门，无非是为了对治众生贪嗔痴等八万四千种烦恼疾病。佛陀对于贪欲心重的众生，教他用不净观来对治；对于嗔恨心重的人，便教他慈悲观；若愚痴太重，则以因缘观来对治，佛陀是世间第一良医。

在《增壹阿含经》中，佛陀除了说明一个好的医生及好的看护应该具备的条件外，尤其指出病人应奉行五法：（1）选择适当饮食；（2）按时饮食；（3）亲近医师；（4）不怀愁忧；（5）当起慈心对待看护。

此外，综合诸经所说，佛教认为正确的保健之道，应该注意如下数点：

（一）**正当的饮食**　《尼乾子经》说："啖食太过人，身重生懈怠，现世未来世，于身失大利，睡眠自受苦，亦恼于他人，迷闷难觉寤，应时筹量食。"饮食譬如吃药，是吸取其中的养分，以养护身体。所以在饮食上要注意：多菜少肉、多淡少盐、多果少糖、多嚼少食，并且要定时定量，使内脏清爽，这是保健第一诀。

（二）**正当的工作**　正当的工作，是积极性的，利益社会大众的。很多人觉得工作辛苦，有压力，那是因为把工作当成赚钱途径、沽名之道，自私自利，难免厌倦。《一切智德经》说："惠施仁爱，利人等利，一切救济，合聚庶黎。"如果在工作里蕴含了慈悲喜舍，把工作当成法布施，工作就很快乐了。

（三）**正当的行为**　《十诵律》说："饥为第一病，行为第一苦；如是知法宝，涅槃第一乐。"行为端正，心中光明磊落，没有烦恼忧愁，这是养生的正途。

（四）**正当的做人** 《摩诃僧只律》说："利衰及毁誉，称讥若苦乐，斯皆非常法，何足致忧喜。"人身，不过是四大所造精血之体，终将坏灭，看得透，看得破，做人便能不贪五欲六尘，不慕虚荣名利，不著五蕴三界；能够建立正当的人生观，自然身心康泰。

身体方面的保健固然要紧，精神方面的保健也不可缺少。佛教对于"精神保健"方面。主张：

（一）**心宽自在** 如弥勒菩萨大肚能容的气量，凡事不斤斤计较，即能自在无碍。

（二）**放下安然** 《诸经要集》说："能具舍一切不善之法，譬如负债得脱，重病得愈，如饥饿之人得至丰国。"凡事不比较、不计较，提得起、放得下，自然心中舒畅，百病全消。

（三）**禅定修行** 禅定摄心，精进修行，心清气爽，则事事顺畅，百无牵挂。

（四）**行香礼拜** 修持不懈，礼拜不断，则罪灭河沙，福增无量。

（五）**数息止观** 精神集中，意念专注，则身心收摄，开发智慧。

（六）**喜悦进取** 发心发愿，身体力行，则能法喜充满，身心无恙。

　　明代憨山德清大师说："老病死生谁替得，酸甜苦辣自承担，一剂养神平胃散，两重和气泻肝肠。"一般疾病的产生，往往与人的心理、生理、行为，以及周遭社会的生活环境有关。尤其在这个新时代，许多人好吃美食，吃出病来；有的人游手好闲，闲出病来；有的人资讯太多，多出病来；有的人工作压力太大，急出病来；有的人心性怯弱，意志消沉，闷出病来；有的人则因为是非太多，气出病来。总之，不外由于心不能静、气不能和、度不能宏、口不能守、嗔不能制、苦不能耐、贫不能安、死不能忘、恨不能释、矜不能持、惊恐不能免、争竞不能遏、辩论不能息、忧思不能解、妄想不能除等，于是造成身心的病患。

　　世间的医学对于疾病的疗治，大多强调饮食、物理、化学、心理、环境、气候、医药等疗法，在有限的范围内，依病治疗。佛教的医学则不但含括世间的医理，更重视内心贪嗔痴三毒的根除。所谓"心病还须心药医"，唯有调和生理与心理的健康，例如上述所说，节制饮食、礼佛拜忏、持咒念佛、禅定修行、行香礼拜、数息止观、乐观进取、心宽自在、放下安然等，才能真正迈向健康之道。

十、慈悲观（结缘之道）

"佛教以慈悲为怀"，这是人人耳熟能详的口头禅。然而如果进一步去探讨慈悲的真义为何，则不一定人人都能了解。《法华义疏》说："慈悲即拔苦与乐。"佛教的三藏十二部虽然有无量的法门、教义，但是皆以慈悲为根本；"慈悲"是菩萨"施化之本"（《妙法莲华经文句》），一切佛法如果离开慈悲，则为魔法。《宗镜录》说："以菩提心而为其因，以大慈悲而为根本，方便修习无上菩提。"菩萨因众生而生大悲心，因大悲心而长养菩提，因菩提而成就佛道。如果菩萨看到众生的忧苦，不激发慈悲心，进而上求下化、拔苦与乐，就无法成就菩提大道，因此慈悲心是菩萨成佛的必要条件。

慈悲不是佛教徒的专利，慈悲是一切众生共有的财富，人间因为有了慈悲，生命因此充满了无限的意义；颠沛的人生岁月里，因为有了慈悲，前途才有无限的憧憬。慈悲之心是万物所以生生不息的泉源，慈悲就是佛性，有了慈悲，众生因此皆得成佛。

慈悲不是打不还手、骂不还口，当公理正义遭受无情的

打压排挤，当正人君子受到无端的毁谤抨击时，能够挺身而
出，这就是一种勇敢的、积极的慈悲。慈悲要有智慧，慈悲
不是一时的恻隐之心，《摩诃止观》说："慈悲即智慧，智慧
即慈悲。无缘无念，普覆一切；任运拔苦，自然与乐。"慈悲
是通过公理的感动助人，慈悲不是热闹的随众起舞，而是心
存正念的服务济人；慈悲也不是私心的利益亲友，更不是有
所求的惠施于人，慈悲的最高境界是怨亲平等、无我无私的
利益众生。

　　慈悲并不是一个定点，而是情感的不断升华，《华严经》
的"但愿众生得离苦，不为自己求安乐"，这种"以天下之忧
为忧，以天下之乐为乐"的胸怀，就是慈悲。慈悲也是做人应
该具备的条件，一个人宁可什么都没有，但不能没有慈悲！
有人说慈悲就是爱，但是世间上的爱有染污性，处理不当时，
反而变成痛苦的渊薮、烦恼的来源。《观音玄义记》说："慈
悲即是誓愿。"慈悲是净化的爱、升华的爱，是无私而充满智
慧的服务济助，是不求回报的布施奉献，是成就对方的一种
愿心，集合了爱心、智慧、愿力、布施，就是慈悲。

　　慈悲是自己身体力行的道德，不是用来衡量别人的尺度，
真正的慈悲也不一定是和颜悦色的赞美鼓励，有的时候用金
刚之力来降魔伏恶，更是难行能行的大慈大悲。

　　一般人都知道慈悲，人人都会说慈悲，甚至于自己也在

奉行慈悲，但是对于慈悲的意义与层次却不一定能透彻了解。譬如某人做了破坏公益、伤害他人的事，必须接受惩罚时，有些人就会为此人求情说："慈悲慈悲他嘛!"慈悲由宽恕包容变成了姑息纵容的意思，是曲解了慈悲的涵意。

佛经里曾经引用许多的譬喻来说明慈悲的可贵：

（一）**慈悲如良药**　身体有病痛了，适当必要的药物能医治沉疴痼疾；心理有伤痛了，慈悲的清凉法水能抚慰受创的心灵。

（二）**慈悲如船筏**　在茫茫无际的生死大海，有了慈悲的舟船，能够冲破惊涛骇浪，到达安乐平稳的目的地，免除在爱河欲流中灭顶的危难。

（三）**慈悲如光明**　有了慈悲的光明照耀，能够破除黑暗，如实地看清世间的真相。有了慈悲的光明，人间充满着希望，前途有无限的憧憬；颠沛困顿的逆境，有了慈悲的依怙，都能化险为夷、转逆为安。

（四）**慈悲如伴侣**　朋友随时陪伴在我们的身边，能给我们鼓励劝勉，有了慈悲的善友，必能无事不办，所到亨通。

（五）**慈悲如摩尼宝珠**　污浊的水中放入了明曜的摩尼宝珠，就可以杂质沉淀，清澄见底；在复杂混乱的人间，有了慈悲的摩尼宝珠，就能照破一切昏迷，化复杂为单纯，转混乱为宁静。

慈悲之心是万物所以生生不息的泉源，人间所以使我们恋栈，是因为人间有慈悲。一个家庭如果缺乏慈悲，纵然再豪华舒适也形同冰窖；一个服务机关如果没有慈悲，即使待遇再优厚，也难留住人心。亲人彼此没有慈悲的心，形同陌路，谁也不愿经常往来。观世音菩萨为什么能走进每一个人的家庭里，让每个人在家庭的正厅供奉着？就是因为观世音菩萨代表大慈大悲，我们供奉菩萨，就是希望把慈悲带入家庭。

慈悲虽然是如此的重要，但是社会上有不少人往往曲解慈悲的涵意，遂让慈悲由宽恕包容变成姑息纵容，导致社会失序；甚至运用不当，致使慈悲沦为罪恶的温床。例如滥行放生，反而伤生害命；滥施金钱，反而助长贪婪心态等。因此，慈悲的足如果没有智慧的目来引导，悲智不能双运，有时不应该慈悲却滥行慈悲，有时应该慈悲却不知慈悲。其实有时看起来不是慈悲的行为却是大慈悲，有时候看似慈悲的举止反而不是慈悲。因此只有慈悲，没有智慧，好比飞鸟片翼、车舆单轮，无法飞翔行走，圆满成功。

所谓不应该慈悲而滥行慈悲者，譬如父母给儿女金钱吃喝嫖赌，看似慈悲，其实却害了孩子。孩子做错事，不但不加处罚，反而欣喜鼓励，纵子行凶，也是不当的慈悲。或者不明事理布施他人金钱为非作歹，助纣为虐，都是不应该慈悲而慈悲。

所谓应该慈悲而不慈悲者，譬如看到有人破坏社会的正义公理，不能挺身而出仗义执言，反而临阵退缩不敢去做，这就是应该慈悲而不慈悲。看到有人热心兴学办教育，培养青年人才，不但不能参与赞助，随喜赞叹，反而加以破坏毁谤，也是应该慈悲而不慈悲。

有时看似不是慈悲的，而实际上却是大慈悲，譬如杀一个强盗而救了成千上万的百姓，杀生看起来是不慈悲的，可是为了要救更多的人，其实是在行大慈悲。道教的三茅道士中，小师弟帮助妇人一家，看起来好像是贪恋繁华，为五欲所动，实际上他是在五欲六尘之中修行。三师弟的作法乍看不是慈悲，其实是充满方便智慧的慈悲之行。印度波斯匿王的王后末利夫人，她以慈悲智慧挽救了御厨的生命，看起来好像破戒、不守法，但是这种不顾己身利益，只为他人安危着想的胸怀，正是看似不是慈悲而实际上是大慈悲的菩萨行。

不是慈悲的，有时候是慈悲；是慈悲的，有时候反而不是慈悲。譬如放生本来是慈悲，但是放生不当反而成为杀生的愚行。甚至放生食人鱼，乍看之下他好像在行慈悲，可是食人鱼放在水中不仅会吃掉小鱼小虾，更可能吃人害生，这能算是慈悲吗？

慈悲不仅是理念上的了解，慈悲更应该是身体上的付诸实践。有名的沩山灵佑禅师，临终前发愿来世出生为水牯牛，替大家服务，为众生代劳。灵佑禅师这种"欲为诸佛龙象，先做众生马牛"的心就是慈悲心。

唐朝的智舜禅师"割耳救雉"，为了救护生灵不惜割舍自己的身体，这种"但为众生得离苦，不为自己求安乐"的德行，正是慈悲的具体表现。

佛教里的修行人，为了草木的生长，不忍随便践踏脚下的草木；为了可怜飞蛾的扑火，宁可晚上不点灯火；为了过往的鸟雀，常在庭院留些稻谷；为了雨季中的虫蚁，宁可安居不作远行，这都是慈悲心的流露。

慈悲也有层次上的深浅，一般凡夫的慈悲爱行，以自己的父母、妻子、亲属等彼此具有因缘关系者为对象，施予对方财物关爱。这种慈悲对象不广大，并且含有私情私爱，所以顶多只能做到一时的慈悲、一念的慈悲、有缘的慈悲、有情的慈悲、有求的慈悲、有相的慈悲、热闹的慈悲、直接的慈悲、消极的慈悲。

但是到了二乘菩萨，他们认为一切诸法皆是虚幻，由缘所生，所以能随缘度化众生，给予所需。尤其诸佛如来的慈悲，他们视一切众生与自己平等一如，一切有缘无缘众生都要度化摄受。所以佛菩萨能够做到永恒的慈悲、无限的慈悲、无情的慈悲、无缘的慈悲、无求的慈悲、无相的慈悲、寂寞的慈悲、间接的慈悲、积极的慈悲。这种"无缘大慈，同体大悲"的精神，其实才是真正的慈悲。

慈悲是苦难人生的依止，有了慈悲，人间就有了光明希望。今日的社会充满暴戾、脱序的现象，更需要人人建立自他互易的观念、建立怨亲平等的观念，也就是凡事换个立场为别人着想，甚至把众生看成和我一体，如此就能兴起慈悲的念头了。

中国有一句话说"仁者无敌"，用佛教的话来说，就是慈悲没有对手，慈悲可以克服一切的磨难。一念的慈悲可以化除贪欲，一念的慈悲可以化除嗔恨，一念的慈悲可以化除骄慢，一念的慈悲可以化除怖畏。在 21 世纪科技文明发达的现代化时代，现代化的最大成就是发明了比科技文明更为重要的人际沟通。如何才能做到人际之间的完美沟通交流？只有时时以布施、爱语、同事、利行的四摄法来行慈悲、实践慈悲；唯有人人用慈悲的眼睛等视一切众生，用慈悲的语言、慈悲的面容、慈悲的音声、慈悲的心意来跟大众结缘，我们的社会才能更和谐、更美好。

（原刊 2001 年 9 月《普门学报》第 5 期）

人间佛教的蓝图(下)

十一、因果观(缘起之道)

"法律之前，人人平等"，这是民主国家人民一致的追求。然而事实上法律之前真能人人平等吗？法律不但有漏洞可钻，而且有的人还专门游走法律边缘，为非作歹，甚至法律有时也会受到人情所左右，因此法律未必真能做到绝对的公平；世间唯有因果才是最公平的仲裁者，在因果之前，人人平等，因果业报如影随形，任谁也不能逃脱于"善有善报，恶有恶报"的因果定律之外。

因果，最简单的解释就是"种什么因，得什么果"，这是宇宙万有生灭变化的普遍法则。《瑜伽师地论》说："已作不失，未作不得。"揭示了佛教因果论的特点：任何思想行为，必然导致相应的结果，"因"未得"果"之前，不会自行消失；反之，不作一定的业因，也就不会得到相应的结果。

因果，是人间的实相，中国的一部二十六史，不啻是一部最大、最翔实、最深巨的因果记录。因果也是很高深的哲学；有因必有果，它的准确性连现代的电脑科技都比不上。因果报应不但为人间所不能勉强，苍天所不能更易，即使鬼神也不能违抗，它支配了宇宙人生的一切，也种下了横亘过去、现在、未来的三世因缘。《涅槃经》中就郑重指出："善恶之报，如影随形，三世因果，循环不失。此生空过，后悔无追。"因此，一个人可以不怕鬼神，不怕生死，但是不能不怕业报，不能不畏因果。

因果是由万法因缘所起的"因力"操纵，由诸法摄受所成之"因相"主使，有其超然独立的特性。人可以改变天意，但不能改变天理，也就是不能改变因果；因分果分，是佛陀证悟之性海，为三际诸佛自知之法界，是不可妄加蠡测的。

佛教的因果观源自"缘起性空"的道理，旨在阐明宇宙间万事万物都是仗"因"托"缘"，才有"果"的生起，而此"果"又成为"因"，待"缘"聚集又生他"果"，如是辗转相摄，乃成森罗万象。因此，宇宙间从自然界到众生界，从天体到微尘，没有一个现象能脱离得了因果的关系。所谓"法不孤起，仗境方生；道不虚行，遇缘则合"，凡事有因有缘才有果，因果离不开缘起之道，这是我们应有的认知。

因果并不仅限囿于佛教的独门妙谛，因果是每一个人衣食住行之中，随手可拈、随处可证的真理。腹饿了要进食，进食就是"因"，肚子饱是一种"果"；有了枵腹进食的"因"，才能收肚子饱了的"果"。

天气转凉的时候，我们要穿衣保暖，冷是"因"，暖是

"果"，穿衣服也离不开因果。

不但衣食住行有因果，祸福生死也有因果，我们过去培植了多少福德因缘，现在就有多少福报如意。世间上没有无因之果，也没有无果之因，既没有异因之果，更不会有异果之因了。因此，因果如何，全在于自己的所作所行。

因果的道理，竖穷三际，横遍十方，不管我们相不相信因果，因果是绝对存在，它像空气一样，充满整个宇宙，无时无处不在公平地执行着有情人间的善恶赏罚，或无情器世间的成坏。例如：有的人生来就住在花园洋房、高楼大厦，不受严寒酷暑的侵袭，有的人却穷居陋巷和违章建筑，受着凄风苦雨的吹打，这不是世事不公平，是因缘果报差异。同样生而为人，为什么有的人富贵，有的人贫苦？为什么有人锦衣玉食似王侯，有的人三餐不继如饥莩？这都是因为他们自作自受的因果关系不同，并不是命运和世事对他们不公平。怎么样的因地修行，便有怎么样的果证福报，因果原是相成的；造什么业障，受什么果报，这是分毫不变的。

因果，具足说来应该是"因缘果报"，因是主因，缘是助缘，由因缘和合所产生的事物称果。宇宙中，大至一个世界，小如一个微尘，都没有实存的自性可言，而是随着因缘不同，果报就会有所差异。在佛教诸多教理中，"因果观"与人生的关系最为密切。佛教所说的因果，是宇宙人生的实相，不仅仅是劝人行善的说辞。然而一般人往往以世俗的观点来解释因果，使一些不解佛法的人，一听到因果，便斥为迷信，殊为遗憾！对于因果我们应有如下的正确认识：

（一）**因果通于三世**　《宗镜录》说："经偈云：'假使百千劫，所作业不亡，因缘会遇时，果报还自受。'"因果业报的关系虽然极其复杂，却是有条不紊，毫厘不差的。但是，有的人不明白因果业报的道理，只见到世上有"行善的好人，不得好死，或是受苦报；作恶的坏人，却过着富裕逍遥的生活"，因此便认为没有因果的存在。其实，因果是通于三世的，不能只看一时。道理很简单，假如一个人过去在银行里储蓄了很多存款，现在虽然作奸犯科，你能不准他提用存款吗？如果有人往昔负债过多，现在虽然做人善良，然而欠债还钱是必然的道理，你能因为他现在很有道德修养，就不用还钱了吗？

因此，好人今生所以受苦报，是因为过去所种的恶因今已缘熟，须先受苦报；而今生虽然行善做好事，但是因为善因薄弱，善缘未熟，所以须等待来生后世再受善报。恶人做恶，反得好报的道理亦然。

再者，因果报应在时间上有现报、生报、后报等"三时报"之分的原理，譬若植物有一年生、有二年生，也有多年生。有的春天播种，秋天收成；有的今年播种，明年收成；

有的今年播种，须待三、五年后方能收成。然而因果业报，如影随形，造了善恶业因，不管时间久暂，只要因缘成熟，必定要受果报，这是毋庸置疑的。

（二）**因果非宿命论**　因果观并不是宿命论，宿命论认为：一切得失成败，由命运之神掌握，努力是没有用的。而佛教的因果观念则认为：所有的果报，不管善恶，都是自己造作出来的。偈云："有衣有食为何因？前世茶饭施贫人；无食无衣为何因？前世未施半分文。穿绸穿缎为何因？前世施衣济僧人；相貌端严为何因？前世采花供佛前。"《因果十来偈》则说："端正者忍辱中来，贫穷者悭贪中来，高位者礼拜中来，下贱者娇慢中来，暗哑者诽谤中来，盲聋者不信中来，长寿者慈悲中来，短命者杀生中来。"这二首偈语都是说明，人间的贫富贵贱，生命的长寿夭亡，容貌的端正丑陋，都是受过去生所造善恶业影响的结果，并非由他人所操纵，更不是命中注定。因此，因果观是肯定努力、上进，是乐观进取的道理。

（三）**凡事各有因果**　世间诸法的形成，"因"是能生，"果"为所生，"种什么因，得什么果"，将这种因果关系表现得最为浅显易懂的，莫如"种瓜得瓜，种豆得豆"的法则。植物如此，非植物的任何现象莫不如此，所谓"善有善报，恶有恶报，不是不报，时辰未到"，如是因感如是果，因果不爽的业报思想对社会人心的规范，远远超越法律条文有形的束缚。

　　因果不仅仅是一门理论学问，日常生活中的衣食住行，乃至人我相处、信仰、道德、健康、经济等，都各有其因果关系。然而，有人对因果的认识错误，因此对信仰有很多不正当的要求，比如吃素为求身体健康，拜佛为求佛祖保佑他升官发财，这都是错乱因果的谬见。其实，信仰有信仰的因果，道德有道德的因果，健康有健康的因果，财富有财富的因果。因此，若要身体健康，就必须调心行善，多作运动，注意保健，心安自然体泰；若要财源广进，就必须多结善缘，勤苦耐劳，信守承诺，有智慧能力，自助而后天助。

　　吃素、拜佛，是信仰、道德上的因果，如果以信仰的因，妄求健康、财富上的果，如此错乱因果，自然无法所求如愿，这也是必然的因果。

　　(四)**果报自作自受**　《地藏经》云："莫轻小恶，以为无罪，死后有报，纤毫受之。父子至亲，歧路各别，纵然相逢，无肯代受。"一语道尽"善恶因果，决定有报""因果业报，自作自受"的至理。

　　因果报应不是权势所能左右，鬼神也无法操纵，上天更无法控制，它支配了宇宙人生的一切，是吾人善恶行为的测试依据。因果不是宗教教化的戒条，是人人心中的一把万能尺，度量着自己一生的命运，也刻划着人世间善恶的长短，更为自己量身打造一个未来的我。因此我们应该正视因果法则，广植善因，必能为此生、来世带来福慧圆满的生活。

一般说来，维系社会秩序的基本条件有礼俗、道德、法律，但是最大的力量还是"因果"；法律的约束是有形的，道德礼俗的制裁是有限的，都不如"因果"的观念深深藏在每一个人的心里，做严厉、正直的审判。

因果，不仅是观念上的通透，更要靠行为的印证。现代的社会，常被有道之士批评为"人心不古，世风日下"。为什么会人心不古、世风日下呢？主要的原因就是今日社会大众，普遍缺少因果观念！因为不明白因果，不怕因果，因此到处是能骗则骗，能贪则贪，能抢则抢，能占则占，横竖法律不是万能宝典，违法也不一定有人知道，即使有人知道，法律也不一定能制裁。殊不知法律或许不会制裁，但因果是绝对丝毫不爽的！

一个人如果做了违背道德的事，逃得了法律的审判，但逃不了良心的审判，逃不了因果的审判。日本楠正成(按：倒幕名将，武士精神典范者)死后，在衣服里留了五个字"非、理、法、权、天"，此五字的意思就是"非"不能胜"理""理"不能胜"法""法"不能胜"权""权"不能胜"天"，"天"就是因果，因果是最后的胜利者。

即连佛陀住世的时候，也和我们常人一样，有老病死生的现象，在因缘里面，都不出因果的范围，这是很伟大的思想，因为在因果之前人人平等，谁也逃不了因果业报。

吾人的生命，推之往昔，可谓"无始"而来；望之未来，可说无穷无尽，在此"过去、现在、未来"三世之中，生生不已，业报历然。吾人现在的穷通得失，睽之三世，因果真乃丝毫不爽。因果通于过去、现在、未来三世，人的一生，一时种下的因，其产生的结果可能影响及于一世，甚至牵动生生世世的祸福安危，因此吾人岂能不慎于一时的言行举止呢！为了我们的一世，甚至生生世世，我们凡事一定不能不注意"一时"的因果！

经云："菩萨畏因，众生畏果。"因果就是自己的警察、导师，因果就是自己的法律准则。所谓"人善人欺天不欺，人恶人怕天不怕"，天就是因果，因果是非常公道的。我们提倡人间佛教，应该大力建设因果的观念，有了三世因果观，可以让我们舍恶行善，趋乐避苦，乃至今生受到苦果，也不致怨天尤人，而能心存还债观念，甘心受苦，进而扭转恶缘为善缘。

尤其，从三世因果观中，知道业道众生，生生世世轮回，互为眷属。有了这层体认，必能激发"无缘大慈，同体大悲"的慈悲心。如此，不但今生能得圆满自在的人生，来世更能感生善趣。因此，能够清楚地认识因果业报，必能把握业力而谋求自己的幸福。

十二、宗教观（信仰之道）

人是宗教的动物，宗教如光明，人不能缺少光明；宗教如活水，人不能离开活水而生活。人类从上古时代民智未开，就对大自然产生信仰，接着从信仰神权、君权，到现在的民权、人权，甚至即将到来的生权等，可以说，人类自有文明开始，除了追求物资生活的满足以外，精神生活的提升、信仰生活的追求，更是无日或缺。

信仰是发乎自然，出乎本性的精神力；信仰也不一定是信仰宗教。例如有的人信仰某一种思想或某一种学说；有的人信仰某一种主义；甚至因为崇拜某一个人，也可以成为信仰的对象。

话虽如此，然而只要人有生死问题，就一定要信仰宗教。信仰宗教必须慎重选择，否则一旦信错了邪教歪道，正如一个人错喝了毒药，等到药效发作，则生命危矣！所以"邪信"不如"不信"。"不信"则不如"迷信"，因为迷信只是因为不了解，但是至少他有善恶因果观念，懂得去恶向善；不信的人，则如一个人不用大脑思考，不肯张开眼睛看世界，那么永远也没有机会认识这个世界。当然，信仰最终是以"正信"最好！

所谓正信的宗教，必须：

（一）**信仰具有历史考据的**　例如佛教教主释迦牟尼佛，历史上明确记载着他的父母、家族、出生地、诞生的日期，乃至他出家、修行、成道的过程。

（二）**信仰世界公众承认的**　例如佛教是举世公认的四大宗教之一。

（三）**信仰人格道德完美的**　例如佛陀是具足智德、断德、恩德，是功行圆满的觉者。

（四）**信仰能力威势具备的**　例如佛教的三法印、四圣谛、八正道等教义，及因果、业力、缘起等，都是颠扑不破的真理，可以引导我们转迷成悟，离苦得乐。

信仰是人生终极的追求，信仰能使生命找到依靠。一个人不论信仰什么宗教，都需要通过理智的抉择，确认自己所信仰的教义是符合"真理"的条件，也就是必须具有普遍性、平等性、必然性、永恒性。例如，佛经讲人生有"四不可得"：常少不可得、无病不可得、长寿不可得、不死不可得（《佛说四不可得经》）。这是放诸四海而皆准的道理，不但中国人如此，外国人也是如此；男人这样，女人也一样；古时候的人难免，现在、未来的人也莫不如是。

所以这是普遍如此、必然如此、本来如此、永恒如此的真理。

佛教是合乎真理的宗教，因此翻阅古今历史，如梁武帝弃道向佛，阿育王奉佛教为国教，宋朝名相吕蒙正说："不信三宝者，愿不生我家。愿子孙世世食禄于朝，外护佛法。"甚至哲学家尼采虽为牧师之子，却赞扬佛教比耶教崇高、真实；叔本华以佛教徒自命，肯定佛教是世界上最尊贵的宗教；韩愈从谏迎佛骨到皈命佛教；欧阳修从毁谤佛法到行佛劝善；乃至佛教五大论师：马鸣、龙树、提婆、无著、世亲等，无一不是从外道而改宗佛教。

信仰佛教，也有层次上的不同，例如，有人"信人不信法"；有人"信寺不信教"、有人"信情不信道"、有人"信神不信佛"等。

甚至即以信仰佛教的教义而言，本身也有层次的不同，例如凡夫的般若是正见、二乘人的般若是缘起、菩萨的般若是空；唯有佛，才能真正证悟般若，所以般若是佛的境界，是最上乘的一真法界。

佛教依众生根基之不同，将佛法分为五种法门，称为"五乘佛法"。其中人、天乘的佛教，重于积集世间福行的增上心，以现世乐后世亦乐为满足，是佛教的共世间法，如儒家近于人乘，耶教、伊斯兰教通于天乘；声闻、缘觉乘的佛教，重于出世解脱的出离心，以涅槃解脱乐为最终的目的，如道教的出世无为、清净解脱；菩萨乘的佛教，重于利他济世的菩提心，以悲智究竟乐为修行的极至，而六度万行乃为利他济世的具体实践。

佛教的教义深奥而且具有包容性，佛教主张皈依三宝的佛教徒仍然可以敬神、祭祖。因为皈依与拜拜不同，皈依是一生的，是一种信仰；拜拜是一时的，是一种尊敬，已皈依三宝的佛弟子一样可以礼拜神明。不过，信仰重在专一，信仰重在一心，如《普门品》中的"一心称名""一心供养"，《阿弥陀经》中的"一心不乱"、"一念往生"，都是证明一心一意、心诚则灵。

因此，宗教徒对于自己所选择的宗教信仰要忠贞、要专一，当信仰与感情、金钱、事业、前途的选择冲突时，就是对信仰专一程度的考验。

其实，不管信仰任何宗教，最重要的是要开发自性，所谓"自依止，法依止，不余依止"（《大智度论》）。能够拥有正见信仰的人，不仅在心灵上有所皈依，精神上有所寄托，同时还能广结善缘，结识许多同道好友。尤其南传的藏经说："有信仰的家庭，生活就有诚实，就有真理，就能坚固，就能有布施的四种道德。"有了这四种道德，则可"现在与未来，无忧无怖"。一个人如果能对生死无有忧怖，就是对佛法已有正信，如《金刚经》说："若人能一念生净信者，是人即得阿耨多罗三藐三菩提。"

总之，宗教信仰可以激发勇气与力量去面对未来，可以使我们有宽宏的心量去包容人间的不平，进而拓展出截然不同的命运。尤其佛教的中道缘起、因果业报、生死涅槃等教义，可以帮助我们解答人生的迷惑，开发人人本具的真如佛性。所以，信仰佛教，要从求佛、信佛、拜佛，进而学佛、行佛、作佛；唯有自己作佛，才是信仰的最高层次。

十三、生命观（生死之道）

人生在世，一期的生命只有短短数十寒暑，有生必然就会有死，生死，这是人人都免不了的问题。

生和死如影随形，生了要死，死了再生；生生死死，死死生生，生死不已。到底"生从何处来，死归何处去？"对于这个问题，一般人并不了解。根据佛教的"十二因缘"说：有情众生由于累劫的"无明"烦恼，造作各种"行"为，因此产生业"识"。随着阿赖耶识在母体子宫里渐渐孕育成生命体，是为"名色"；名是生命体的精神部分，色则指物质部分。数月之后，生命体的眼、耳、鼻、舌、身、意六根成熟，称为"六入"；胎儿脱离母体后渐渐开始接"触"外境，并对外界的苦乐感"受"产生"爱"与不爱，进而有了执"取"所爱的行动，结果由于身、口、意行为的造作，又种下了后"有"的生命体，有了"生"终将难免"老死"，"死"又是另一期生命的开始。所以佛教说：生命的流转，是无始无终的"生死轮回"。

信仰佛教，并非就没有了生死问题，只是要人勘破生死！生死是再自然不过的事，即使是佛陀，也要"有缘佛出世，无缘佛入灭；来为众生来，去为众生去！"

经典上将死亡分成四大种类：寿尽而死、福尽而死、意外而死、自如而死。死亡不是消灭，也不是长眠，更不是灰飞烟灭，无知无觉，而是走出这扇门进入另一扇门，从这个环境转换到另一个环境。经由死亡的通道，人可以提升到更光明的精神世界里去，因此佛经里对于死亡的观念，有很多积极性的譬喻，例如：

（一）**死如出狱**　《大智度论》说："苦厄犹如地狱。"众苦聚集的身体如同牢狱，死亡好像从牢狱中释放出来，不再受种种束缚，得到了自由一样。

（二）**死如再生**　死亡是另一种开始，不是结束，如《思益梵天所问经》说："譬如从麻出油，从酪出酥。"

（三）**死如毕业**　《般泥洹经》说："辗转相教，解诸童蒙，使学成就。"生的时候如同在学校念书，死时就是毕业了，要按照生前的业识成绩和表现，领取自己的毕业证书和成绩单去受生转世，面对另一个天地。

（四）**死如搬家**　有生无不死，死亡只不过是从身体这个破旧腐朽的屋子搬出来，回到心灵高深广远的家。如同《出曜经》说的"鹿归于野，鸟归虚空，义归分别，真人归灭"。

（五）**死如换衣**　死亡就像脱掉穿旧穿破了的衣服，再换上另外一件新衣裳一样。《楞严经》云："虚空生汝心内，犹如片云点太清。"一世红尘，种种阅历，都是浮云过眼，说来也只不过一件衣服而已。

（六）**死如新陈代谢**　我们人身体上的组织，每天都需要新陈代谢，旧的细胞死去，新的细胞才能长出来。如《增壹阿含经》说："代谢变易，不停不解。"生死也像细胞的新陈代谢一样，旧去新来，使生命更加珍贵。

此外，佛教称死亡为"往生"，既是往生，就如同出外旅游，或是搬家乔迁，如此死亡不也是可喜的事吗？所以，死亡只是一个阶段的转换，是一个生命托附另一个身体的开始。因此，死亡不足惧，面对死亡，要顺其自然，要处之泰然！

然而人之所以惧死，是认为生可见，死是灭，所以灭之可悲也！其实，人之生命如杯水，茶杯打破了不可复原，水流到桌上、地下，可以用抹布擦拭，重新装回茶杯里；茶杯虽然不能复原，但生命之水却一滴也不会少。

佛教的"涅槃寂静"形容得好：不生不死，不生不灭；真正的生命是超越无常，超越无我的。例如海水波涛汹涌，海面上的泡沫究竟是海水，还是波浪？从觉悟的观点来看，有风起浪，无风平静，动乱最终还是归于寂静。正如前述，一杯水，茶杯打坏了不能恢复，但是水依然存在；又好比燃烧的木材，薪薪相传，流转不息，所以生命本身不会死。

"生命不死"，就是因为有"业"的关系。业，是身口意的行为，有善业、恶业、无记业。"假使百千劫，所作业不亡"，只要是身口意所造作的善恶业等，都会像电脑一样，在业的仓库里储存起来；"因缘会遇时，果报还自受"（《宗镜录》），等到善恶业的因缘成熟了，一切还得自作自受，这是因果业报不变的定律。

现在的科学家说生命的密码就是"基因"！其实，生命的密码——基因的另一个名词——业力，早在二千五百年前，佛陀已经昭告世人了。"业力"，实在是佛陀一个伟大的发现。人，从过去的生命延续到今生，从今生的生命可以延续到来世，主要就是"业力"像一条绳索，它把生生世世的"分段生死"都联系在一起，既不会散失，也不会缺少一点点。业力决定人生的去处，所谓"欲知前世因，今生受者是；欲知来世果，今生做者是"。所以，"行善不造恶"就是基因改造。

众生的生死决定于业力，解脱的圣者则依愿力成就生命。生死循环，本来就是自然的道理，如宗泐禅师说："人之生灭，如海一沤，沤生沤灭，复归于水。"道楷禅师示寂时说得更好："吾年七十六，世缘今已足，生不爱天堂，死不怕地狱，撒手横身三界外，腾腾任运何拘束?"禅者生死，有先祭而灭，有坐立而亡，有入水唱歌而去，有上山掘地自埋等等，无比洒脱。

佛门里有许多临命终时自知时至，身无病苦的真人实事，说明掌握生死，不足为奇，吾人真正要超越的是念头的生死。禅宗说："打得念头死，许汝法身活。"吾人的意识刹那生灭变化，如《大乘流转诸有经》说："前识灭时名之为死，后识支起号之为生。"我们每一时刻其实都在面对生死。意识的生死，念念生灭，如同瀑流，唯有"无念"，才能截断生死洪流；若能体证缘起性空，则能"犹如木人看花鸟，何妨万物假围绕"，达到生死一如，不生不死的境地。故而经典又云："前识灭时无有去处，后识支起无所从来。"

生命不是出生以后才有，也不是死了就算结束。如果人的生命这么简单，生死就不值得畏惧了。道元禅师说："断念生死者，佛家一大事之因缘也!"他又说："若生死中有佛，便能无生死。若知生死即涅槃之理，便能无可厌生死，亦能无可愿涅槃，自是超脱生死。故唯探究一大事之因缘也。"如果我们能够认清这个道理，断惑证真，觉悟生死同于涅槃的道理，就不会让生死迷惑我们，而能安住于超越生死的藩篱，如此，纵死又有何惧呢？

死亡不足畏惧，死亡以后就像移民一样，你到了另外的国家，只要你有生存的资本，只要你有功德法财，你换一个国土，又何必害怕不能生活呢？所以死亡并不可怕，死亡之后到哪里去才是最要紧的。

佛教非常正视生死问题，佛教其实就是一门生死学，例如观世音菩萨"救苦救难"，就是解决生的问题；阿弥陀佛"接引往生"，就是解决死的问题。

学佛的最终目的就是要了生脱死，如何把握今生，不再受生死轮回，向来是佛门修行的课题。

一般人活着的时候，只知道吃喝玩乐，只知道争名逐利，像行尸走肉般了无意义，不知道为自己的生命寻求方向，安排归宿，只知昏昏庸庸的得过且过，一旦大限来到，什么都是一场空了。所以，要先懂得如何生，才能懂得如何死。佛法教我们要认识生死，就是要我们改变过去因忌讳生死而避开不谈的消极心理，进而通过佛法的修持，以正确的态度面对生死，处理生死，乃至解脱生死，如此才能真正拥有幸福的人生。

十四、知识观（进修之道）

读书，能增加知识；读书，能开启智慧。读书，尤其能提升心性、健全人格、改变气质，所谓"腹有诗书气自华"；不读书的人，言语乏味，俗不可耐。一个没有读书的人，跟一个饱读诗书的人在一起，同样有父母，同样穿衣吃饭，可是他们的品德、气质就是不一样，所以自古圣贤都是鼓励每一个人要多读书。

佛教是个智信的宗教，旨在开启众生的智慧，以解决众生的烦恼、痛苦。

所以佛教尤其提倡"书香生活"，鼓励佛弟子要阅藏读经、听经闻法，如《父子合集经》说："众会若闻佛所说，心生净信决定解；勤修妙行趣菩提，超出轮回生死海。"《楞严经》也说："从闻思修，入三摩地。"所以佛教每一部经典莫不以"如是我闻"开头；甚至开经偈更说："无上甚深微妙法，百千万劫难遭遇；我今见闻得受持，愿解如来真实义。"乃至《金刚经》的"受持四句偈的功德，胜过三千大千世界的财物布施"，以及《华严经》的"诸供养中，法供养最"，都是提倡书香生活。

　　佛教重视般若慧解，中国古代的丛林寺院，就是供给十方衲子参访修道的学校，所谓"饱参诸方丛林客，不知此中有悟无？"即使到了近代，清末民初诸老，创设僧伽学校、师范学堂，太虚大师更设立了许多佛学院，尤以今日台湾，儿童有星期学校、儿童夏令营；青年有青年会、大专社团；信徒有信徒共修会、信徒讲习会；专业的有各级佛学院、佛学研究所。乃至佛光山对一般社会教育，从幼儿园、小学、初高中到大学所办的学校，都受到百万信众的护持，这一切都说明今日佛教徒已经觉醒到教育与知识的重要。

　　其实，佛教本来就是佛陀的教育，佛教的寺院就是修学办道的修炼所，因此古时有"选佛场"之称。寺院也等于是学校，佛教重视文字般若的传播，《法华经》的"十法行"，提倡书写、演说、披读、印经的利益。佛教的《阿弥陀经》说，极乐世界的众生，每天二六时中莫不念佛、念法、念僧；时时刻刻、心心念念都在佛法、道念、利众上；佛教的《华严经·入法界品》中，叙述善财童子一心勤求佛法，遍访五十三位善知识的艰辛过程，此与今日的游学参访如出一辙，实为今日青年树立了读书求学的典范。

　　明朝的袁了凡先生说："一时劝人以口，百世劝人以书，功德悉皆无量，为善最乐。五戒可保人身，十善可升天界，因果决定不昧，读书有益。"佛教自古即重视文字般若，几乎每间寺院都有藏经楼，古德不但日诵万言、手书贝叶经，甚至手刻石经，元代的法珍比丘尼更是断臂印经等。乃至玄奘大师西天取经，昙无竭东土弘法，他们求法弘法，他们为法忘躯，若无读书精神，何能如此？若无书香生活，如何留下三藏十二部经？

此外，唐朝沩山灵佑禅师说："出言须涉于典章，谈说乃傍于稽古，形仪挺特，意气高闲远。"蕅益大师说："不调饮食，则病患必生；不阅三藏，则智眼必昧。"明朝袾宏大师主张："人处世各有所好，亦各随所好以度日而终老，但清浊不同耳。至浊者好财，其次好色，其次好饮。稍清，则或好古玩，或好琴棋，或好山水，或好吟咏。又进之，则好读书。开卷有益，诸好之中，读书为胜矣！然此犹世间法。又进之，则好读内典。又进之，则好净其心。好至于净其心，而世出世间之好最胜矣！渐入佳境，如食蔗喻。"此中都可看出古德勤奋好学、埋首藏经的精神。

由于自古以来，出家人莫不博览经籍，因此大都为知识分子，故与士大夫交游频密。例如苏东坡与佛印禅师、白居易与鸟窠禅师、欧阳修与明教禅师、袁了凡与云谷会禅师等；即连反佛的韩愈都与大颠禅师亲近、问道。甚至过去中国的村夫村妇，虽不会背四书五经，却能背诵《大悲咒》《金刚经》《阿弥陀经》等，可见佛教提倡读书，深入人心。

《心地观经》说："亲近善友为第一，听闻正法为第二，如理思量为第三，如法修行为第四。"《缁门警训》更说："不修学无以成，不折我无以学，不择师无以法，不习诵无以记。"佛教重视知识的传授、智慧的开发，但是佛教教育跟一般社会教育不同，在社会接受教育是为了一技之长，以便将来谋生之用；或者是为了取得一张文凭，找一份好工作。而佛教的教育却包含了慈心悲愿，为了自利利他而肩负重责大任。

佛教教育大致上分寺务行政和义理研究两种，尤其重视生活教育与思想教育。所谓生活教育，就是行住坐卧、待人处事、威仪等各方面的训练。所谓思想教育，则先要具备四不坏信：一、对三宝要有信心；二、对常住要有忠心；三、对众生要有慈心；四、对持戒要有肯定。

此外，在学习的过程中，要自动自发，自我学习。尤其佛教与一般哲学不同，佛教不只讲知识、讲理论、讲道德，更重视实践，重视修行。所谓"解行并重"，也就是不仅对佛法的知识义理要深思理解，尤其要将佛法运用到生活中，因此修行非口号、形式，而是修行在生活中，例如用慈悲的语言应人，用慈悲的眼光待人，用慈悲的面孔对人，用慈悲的手助人，用慈悲的心祝福人等等，生活中有佛法才叫有修行。

《楞严经》说："虽有多闻，若不修行，与不闻等；如人说食，终不能饱。"学佛修行，不一定只有局限在寺院里，佛教尤其重视生活中的修行，能够在日常生活里实践佛法，就是修行。因此，佛教徒的一日行，从早晨起床到夜晚养息，乃至日常的待人接物，语默动止，都要效法佛菩萨，以慈悲为本，方便为门，如理生活，如法做人处事。

此外，可依个人的时间安排定课，持之以恒。如果家中环境许可，可设一佛堂，每日晨起，于佛菩萨圣像前献花供水、上香礼拜，或诵经一卷，或静坐五分钟；夜晚临睡前，可于佛前礼佛静心，或读诵《佛光祈愿文》，反省自己的功过。每周可参加一次或二次的道场共修，借由宗教的禅悦法喜，洗涤自己的贪嗔烦恼，开发内心的圣财。每日三餐进食前，合掌称念四供养、佛光四句偈或五观想，亦可培养感恩与慈悲的宗教情操。

总之，修行并非闭门自修，只求自了；修行应该亲近寺院道场，参访善知识，以求法要，同时还要发心护法，并且弘法，这才是人间佛教的知识观所主张的进修之道。

十五、育乐观(正命之道)

人的生活，不能只是工作，也不能光是修行；生活正如植物的生长，需要空气、水分、温度等因缘的调节。因此，一个人每天的生活作息，不能只是硬绷绷的行住坐卧、衣食住行；三餐温饱之外，在精神生活方面还需要有育乐活动来调节。就如一个修行的人，需要对自我有教育性的娱乐。

例如，参禅的人，在坐禅之后也要利用跑香、经行来调节身心；念佛的人，念佛之外，也要绕佛、拜愿，这都是身心的娱乐。佛门每周有一天放香的时间，甚至每日三餐，晚餐时间不必像早餐、午餐一样的披搭袈裟，高唱供养咒，这一餐称为"放参"。

平时一些修行者，有的人喜欢到处行脚云游、旅行参访、朝山览胜；有的人向往大自然，独居冥思、静坐观想。甚至《观无量寿经》的十六观，观日出日落、观山观水、观树观景、观佛观光明等，也都是寓修行于娱乐之中。

乃至极乐净土，不管是一早的"各以衣祴，盛众妙华，供养他方十万亿佛"；或是平时徜徉在七重行树、七重栏楯、八功德水之中，随着鸟声念佛、念法、念僧等，都是舒畅身心的乐事。

过去丛林里不但准许僧人下围棋，甚至还设计"成佛图"的游戏，通过"南无阿弥陀佛"六个字各自所代表的是进是退，而来去行走于十法界之中。

借着游戏不但增进佛学常识，寓教于乐，同时也可以增进道友之间的情谊。

除了棋道之外，丛林里还时兴茶道、书道，甚至藏传佛教的辩经，以及一般的抄经、雕塑、绘画、佛舞、梵呗等艺术，也都是深具教育意义的生活调适。

人的一天有二十四小时，除了吃饭、睡觉、工作之外，借由正当的娱乐来调剂生活，是极其重要的一环。一般社会之娱，重在声色犬马、动态；佛教重视自然界，如鸟窠禅师巢居树上、圆通纳禅师穴居岩洞、大梅禅师荷衣松食，他们任性逍遥，何等自在。甚至禅师们教人栽松、除草、耕耘、种植，让身心与田园自然融和，让眼耳鼻舌悠游于心海，享受宁静的禅悦法喜。

此外，佛教到了中国，对于朝山礼圣、寺院参访、座谈联谊等活动也都十分重视，因为借此可以广结善缘、增广见闻。这也是佛教的育乐生活。

现代的学校教育主张"德智体群育乐"并重。其实，佛教自古以来即是个"五育并重"的宗教：佛殿共修，重在德育；讲堂听经，重在智育；出坡作务，重在体育；僧团是六和合僧，重在群育；雕刻、绘画、梵呗唱诵，重在美育。

此外，佛教在育乐方面也有很多如上所述的"寓教于乐"之修行法门，大致可分成六类：

（一）**体育活动**：跑香、朝山、云游、佛教舞蹈、拳术。

（二）**音乐**：梵呗、佛歌、合唱、法器、国乐、俗讲。

（三）**书艺**：书法、抄经、绘画、雕刻、塑像、围棋。

（四）**花和茶**：插花、茶道。

（五）**劳动**：出坡、农耕、工禅、菜圃、苦行、烹饪。

（六）**修持**：寻师、论道、念佛、禅悦、法喜、止观。

人的生活，物质上的衣食温饱之外，应该要有艺术生活的品味，要有服务人群的品味，也要有休闲育乐的生活品味。今后在家信众如何规划自己的育乐生活？只要不是纵欲，不是耽溺于伤神妄念的酒色财气之中，只要是正当的娱乐，都是可以追求的。例如晨起的运动，晚睡前的音乐欣赏，白天定时的经行、散步，或是闲暇时，三两好友相约旅游、座谈、喝茶、谈道，乃至抄经、烹饪、琴艺等，即使是参加朋友之间的舞会、聚餐等，也无不可。不过，育乐生活也应有其条件与应注意事项，例如：

（一）参与的分子，必须是"诸上善人"聚会一处。

（二）参与时间不可超过比例，例如一天二十四小时当中，工作八小时，睡眠八小时，另外的八小时吃饭、盥洗、育乐，要平均分配。

（三）活动的地点要注意安全。社会上常有山难、水难等意外频传，故外出应注意安全；甚至玩火、赌博、醉酒等，这些都不是正当的育乐生活，应该避免涉足。

（四）参加活动时，最好夫妻一起出席，不但彼此可以认识共同的朋友，培养共同的话题，同时也能避免感情出轨的机会。

　　佛教自明清以来，大都以寺院山林的静修为主，因此常给人沉寂冷漠，不食人间烟火之感。甚至一般人都以为佛教讲四大皆空，讲苦空无常，因此学佛以后一定要吃苦，甚至要远离人群，这才是真正的学佛。实际上，佛教是很生活化，很生动活泼，是充满了蓬勃朝气的宗教。佛教很重视日常生活，举凡行住坐卧、穿衣吃饭、搬柴运水，无一不是佛法。因此，人间佛教的育乐观主张，修学佛法，固然要向经藏去探寻，向善知识去参访，但也不能忘了在日常生活中，吃饭、穿衣、睡觉，处处都有佛法，只要能在生活中多用一点心去体会、去实践，必能享有"吾有法乐，不乐世俗之乐"的幸福人生。

十六、丧庆观（正见之道）

　　人的生活，不是喜就是悲。例如在古老的观念里，生之可喜，死则可悲。当人之生也，弄璋弄瓦，皆在庆贺之内；一旦撒手人寰，即呼天喊地，万分的感伤悲泣。其实，当人出生之时，就注定了死是必然的结果，所以人之生也，都要死亡，又有何可喜呢？当人之死也，如冬天去了，春天还会再来，死又有何悲呢？生死是一体的，不是两个，生了要死，死了还会再生，所谓生生死死，死死生生，循环不已，生也不足为喜，死也不足为悲啊！

但是，生死既是每个人必经的过程，丧庆礼仪便和我人的生活息息相关。

尤其中国人自古以来就把生死看成是人生的两件大事，"慎终追远"的孝亲思想一直是中国固有文化中为人所称誉的美德，此与佛教的报恩思想颇为符合。

不过，中国民间的丧葬礼仪众说纷纭，莫衷一是，很多不合时宜的观念、做法实在应该净化、改良。例如：看风水、择日、死后八小时以内不能入殓、出殡时安排电子音乐、花车、游街、哭墓等，不但浪费，而且有失庄严。因此，谈到丧葬礼仪，首先要建立正知正见。

例如，生、老、病、死是人生必经的过程，但却很少人能坦然面对死亡，因此常常忽略了"临终"这重要的一刻。临终是"升""沉"最重要的关头，它是决定"往生"最宝贵而且具有决定性的一刻，眷属若在此时大声哭泣，引起病人悲痛的情绪，累他堕落，失却往生善道的机会，那是无益而有害的。是故，若遇家里有人过世，不宜哀嚎大哭、摇晃、塞手钱、拜脚尾饭，甚至马上替亡者更衣等，因为此时亡者神识未离，会令其留恋不舍，增加痛苦。

最好在病人病危时，礼请法师或道友前来助念，亲人亦应在旁一起助念，帮助亡者往生极乐净土。亦可请病人敬重且善说法要的有德长者，安慰开导病人，劝其一心念佛，求生净土。

此外，现代的丧葬，动不动就要买偌大的墓地，建偌大的墓园，造成死人与活人争地的现象。佛教自印度开始即主张火葬。火葬比天葬、海葬、林葬、土葬都好，当初佛陀涅槃后，也自以三昧真火荼毗。目前火葬的观念已渐被一般人所接受，尤其一般佛弟子在火葬后，将骨灰奉安在寺院的纳骨塔，这实在是人生最圆满的归宿。

佛教的纳骨塔不同于一般世俗的灵骨塔，它除了实质解决现实的问题外，更蕴含着深刻的信仰意义。因此，佛光山的慈善事业中，除了开办有育幼院、养老院、云水医院外，并设万寿堂，供信徒安放灵骨，周全的照顾信徒的生老病死，让人的一生都能在佛法里获得圆满的照顾。

有关丧葬礼仪，尤应注意下列几点：

（一）**不要虚荣**　现在的人遇到丧葬事宜，常常竞以虚荣心处理，要做得比别人好，实在不必要，应当尊重亡者心愿才是最重要的。

（二）**不要铺张**　丧葬事情，讲究你有多少乐队，我有多少花车，不一定要这样，丧葬是个人家庭的事，何必劳师动众呢？庄严、哀伤、肃穆胜于吹吹打打。

（三）**不要迷信**　治丧无非求死者安，生者孝，一尽哀心悼念而已，不必刻意造作。

生死是人生的两件大事，依佛法的观点来看，生不足喜，死亦不足悲，唯以庄严的心态面对之。因此，遇有亲朋好友往生，应以庄重的心情参加吊丧；若逢喜庆，亦应前往祝贺如仪。

喜，福也；庆，贺也。《周礼·秋官·大行人》云："贺庆以赞诸侯之喜。"今俗凡吉祥之事，皆谓之喜，皆值得庆贺。如：嫁娶生子、高龄祝寿，乃至新居落成、新书出版、金榜题名、仕途高升等，都是值得庆贺的喜事。但不管任何喜庆，均以简单隆重、不铺张浪费为宜，参加者若能注意以下礼仪，则能皆大欢喜：

（一）家有喜庆，得酌将日期、时间与地点通知至亲友好，但须避免浮滥，并且避免杀生，不用荤腥宴客。

（二）亲友遇有喜庆，得亲往庆贺，或寄贺卡或以电话祝福。

（三）致贺时，应依时前往，避免迟到早退。

（四）穿着要得体，言行要恰当。

（五）贺礼的选择，应注意其意义及实用价值，如佛书、念珠等。

生与死是人生两大课题，禅宗有谓"生死未明，如丧考妣"。生与死不仅是人生两件大事，也是一般人所难以解开的谜。当初佛陀出家证悟的，正是解答这两大谜题的真理，这也正是佛教的教义所在。今日的人间佛教，也不外乎解决生、死两大问题。生，就是养与教；死，就是丧葬事宜。

在中国社会里，一到了婚丧喜庆的节骨眼上，每一个地方都有不同的风俗、不同的习惯，大家都执着不改。其实许多风俗都是人为的，如看地理、风水、日期，都是迷信，太过执着，于事无补。比方说：看日期，一定要什么日子，日子不好就不吉祥，其实世间上哪有什么一定的日子？在台湾是白天，在美国却是夜晚。再如看地理，一定要朝东面西，或是坐北向南。其实虚空并没有方位，譬如两个人对坐，你的右边是我的左边，我的前方是你的后方，到底哪边才是左，哪边才是右？哪边才是前，哪边才是后呢？因此，在《善生经》中，佛陀告诉善生童子不必礼拜方位，方位不是在虚空中，而是在我们心中，我们要礼拜的六方是：父母为东方，师长为南方，夫妻为西方，亲朋为北方，童仆为下方，沙门为上方。

虚空没有一成不变的方位，在无边的时空中，我们真实的生命是无所不在的，你能够觉悟体证到自己本来面目的时候，你的本心就遍满虚空，充塞法界，横遍十方，竖穷三际，与无限的时空是一体的，因此，方位不在虚空中，而是在我们心中。

一般人的心态，对于不了解、不知道、看不见的事物，常常盲目臆测，牵强附会，甚或迷而信之，因此容易被神权控制。佛教讲"人人有佛性"，就是在说明我们每一个人都有主权，让我们警觉到原来自己是可以主宰自己的一切。地理风水虽然有它的原理，但不是真理，所以佛教不但反对时辰地理的执着，而且主张不要迷信，要从神权控制中跳脱出来。所以不一定要迷信时辰，也不一定要执着地理，佛教讲"日日是好日，处处是好地"，只要心好，时时处处都好，诚意要比虚节重要。

十七、自然观（环保之道）

"自然"是世间的实况，如春夏秋冬四季的运转，众生生老病死的轮回，心念生住异灭的迁流，物质成住坏空的变化，都很自然。

自然是一种法则，自然就是不刻意、不造作，凡一切顺理成章的道理，都叫自然。佛陀当初在菩提树下证悟宇宙的真理"缘起性空"，实际上就是宇宙间"自然"的法则。甚至由缘起法则所衍伸出来的"业力自由""众生平等""同体慈悲""生死一如"等观念，能够把生存与死亡统合起来，更将生命的尊严发挥到自然的极致。

自然就像一个"圆"，好因带来善果，坏因遭致恶果，因果相续，无始无终。"因果业报"是佛教的真理，佛陀是宇宙真理的觉悟者，佛陀所宣说的教义，也就是解释自然界运行的真理，因此佛陀常说"法尔如是"。"法尔如是"，也就是出乎自然、天然、当然、不勉强的意思。

佛教一向追求自然，重视人心、人性。例如佛陀欢喜在幽静的森林散步经行，或者在寂静的大自然中沉思冥想；阿难曾在林间习定，因见面然饿鬼（按：脸上冒火，故称"面然"）而起慈救之心；须菩提于树下宴坐（按：即禅坐），体会甚深的空义。乃至中国禅宗祖师崇尚自然生活，不但居住在山林水边，远离车马喧嚣，不受凡俗尘扰，尤其思想上的放旷自由，洒脱自在，任性逍遥，不受拘泥束缚，这就是精神上的自然。

说到"自然"，自然，则和；如不自然，就会导致纷乱。古德云："违顺相争，是为心病。"贪欲、嗔恚、愚痴、我慢、疑嫉搅动心湖，人就会烦恼愁肠。佛教主张"缘起缘灭"，随顺自然；佛教行者对于生活中的有无、贫富、好坏、得失，都看得很自然。一切随顺自然，正如佛陀"有缘佛出世，无缘佛入灭；来为众生来，去为众生去"，这就是自然。能够顺应自然，不滞留烦恼、痛苦，这就是身心的环保。

佛教是个深具环保意识的宗教，不但注重内在的心灵环保，同时兼顾外在的生态平衡，例如注重山林、流水、生态、动物等的保护。而环保工作做得最好的是佛教的西方极乐世界。阿弥陀佛是环保专家，阿弥陀佛的极乐净土，黄金铺地，七宝楼阁，七重栏楯，极尽庄严清净，不但没有空气污染、水源污染，也没有噪音、毒气、暴力、核能等公害，而且人民思衣得衣，思食得食。

主要的目的，不外希望大家都能在自然的生活下安居乐业，因为唯有顺应自然，我们的心灵才得以解脱，我们的生命才能够自由。

自然就是天、地、人调和。一般人之所以有种种痛苦的产生，是由于与大自然的人、事、物、境，处于对立，不能调和所致。世间事合乎自然，就有生命；合乎自然，就有成长；合乎自然，就能形成；合乎自然，就有善美。一切生命和自然息息相关，生命都是自然的一部分，自然的生命不是以好不好来论断，是顺生死轮回的法则在运转，当吃饭则吃饭，当睡觉则睡觉，所以大珠慧海说："饥来吃饭，困来眠。"药山惟俨说："云在青天水在瓶。"……可见"道"与自然同在，"道"就是自然的生活。也因为如此，连大圣佛陀都责备应笑而不笑、应喜而不喜、应慈而不慈、应说而不说、闻善言不著意的人为"五种非人"，因为他们的行为不合乎自然。

自然是一种调和，自然也要奋斗。大自然的江河大海，也要奋斗才能奔放；湖水要澄清才能明净，澄清就是自然。山要安定，不能倒；树要有根，才能生长。顺乎自然，一切才能生生不息。

世间万物，有的色彩斑斓，有的淡雅素白；动物以保护色来自卫，这是自然的反应。有的动物白天活动，有的夜晚觅食；有的在空中飞翔，有的地上、海中悠游，这都是为了在大自然中生存。甚至动物被残杀也是自然的，所谓"物竞天择"，佛教虽然提倡不杀生，但这是自我要求，不是要求别人，真理并非要求人人做到不可，所以这是一半一半的世界，有人得度，有人沉沦，这也是自然的真理。

自然界，花开很好看，花谢了，一样化为春泥更护花，这也是自然的循环。所以世间的生老病死、成住坏空、生住异灭，就是自然；逆天行事，就不是自然。人如果懂得顺应自然，就无所畏惧。例如春夏努力耕种，秋天积谷存粮，自然就不怕严冬来临；白天准备照明设备，自然就不怕黑夜来临。

在日常生活中，也有许多自然与不自然的事情。自然，使你身心愉快，行事顺畅；不自然，使你身心俱疲，累己伤他。例如：感情的交流，以平衡协调为自然；语言的沟通，以体念包容为自然；人我的相处，以不违情理为自然；金钱的运用，以量入为出为自然。反之，逆向而行就是不自然。

天、地、人调和，物我无间，所谓自然，就是人心，就是真理，就是天命，就是宇宙的纲常。翻开中外史籍，历代的帝王，顺乎天命人心者昌，逆于天命人心者亡，他们的兴衰与自然法则关系密切。不但如此，吾人的生活也要合乎自然，才能幸福美满。因此，吾人不妨自问："在金钱的运用上，我能合乎自然，量入为出吗？在感情的交流上，我能合乎自然，平衡来往吗？在语言的沟通上，我能合乎自然，顾念对方的需要吗？在做事的态度上，我能合乎自然，不违事理的原则吗？"

自然，则顺；过与不及，终将带来弊患。像久卧不起，久立不坐，久劳不息，久静不动等等，都会引起生理上的四大不调，人就开始患病，乃至身根朽败，与世长辞。此外，近几世纪来，人类因生产消费过多的物质，远超过微生物所能还原的程度，而破坏了自然的运作，导致目前生态系统问题重重。凡此都证明了一旦忽视自然法则，就会自食恶果。

生活上的应世接物也是如此，感情若是一厢情愿，不顺自然，就不会天长地久；财富若是巧取豪夺，不顺自然，必有败坏之虞；名声若是哗众取宠，不顺自然，终将遭人唾弃；地位若是坐享其成，不顺自然，便会引起非议。

所以，我们想要过如实的生活，就必须顺应自然法则：夫妻之间应互敬互谅，邻里亲友应和睦相处，工作同事应互相提携，开创事业应将市场调查、资金筹措、人力资源、经营计划等安排妥当，为政治国应了解民意、重用忠良、察纳雅言、勤行善法。尤其身为佛教徒，更应以身作则，培福结缘，修定增慧，负起化导众生的责任。日用中能如是与"道"相符，那是自然的生活与生命的佛道，则庶几无过矣！

十八、国际观（包容之道）

由于现代的科技发达，交通电讯便捷，大大缩短了人与人之间的距离。例如现代的电话、电脑网络、遥控、E-Mail，在在都把地球上的人联结得愈来愈紧密，致使21世纪成为"地球村"的时代，所有生存在地球上的人类，不得不以"地球人"自诩！

在"地球村"里，虽然有许多的国家、许多的种族、许多的文化、许多的语言，但不会妨碍"地球村"的发展。例如，全世界的国家、城市、乡村，都有所谓"社区"的结构。在一个社区里，有许多的家庭，许多不同的姓氏、个性、年龄、性别、语言、生活习惯、宗教信仰的人生活在一起，但都不会妨碍社区的和谐。

从一个社区扩大到一个"地球村"，其道理都是一样的。只是，人，都是先爱一个家，而后爱一个宗族，接着推及一个邻里、一个村庄、一个社会、一个国家，继而从同胞、人类，再到一切有情众生。愈是与自己亲近者，爱得愈深，愈是疏远的人，能付出的爱愈少，所以佛教讲"无缘大慈，同体大悲"，并非人人都能做得到，因此也就有圣凡之分。

由于一般人的爱，都是有缘、有相的慈悲，尤其有亲疏、爱憎、人我的分别，因此就有比较、计较，继而有人我纷争。人间佛教的国际观，就是要打破人我的界限，要本着"同体共生"的认识，互相包容、尊重，彼此平等、融和，大家共荣、共有。

例如，在佛教里，讲到时间都是过去、现在、未来三世；讲到空间都是此方、他方、十方无量世界；讲到人间，都是胎生、卵生、湿生、化生，也是无量无数。所以，佛教的国际观其实已经完全泯除了时空的界限。

《阿弥陀经》里提到，众生"各以衣祴盛众妙华，供养他方十万亿佛"；彼此结缘，彼此赞美，就是充满了国际观。《弥勒菩萨上生经》《弥勒菩萨下生经》中，弥勒菩萨不但与地球上的人类有来往，甚至天上天下，乃至到三界二十八天、十八层地狱里去度众生。佛教的常不轻菩萨不轻视任何一个众生，佛教里观世音菩萨游诸国土，救苦救难；佛教对弱势团体，对落后的小小国，尤其给予关怀。

　　佛教吃饭时，都是供养一切众生；获得一丝一缕，都要感谢十方大众的因缘。佛教提倡平等，佛陀视一切众生都如爱子罗睺罗；佛教更重视一切生权的维护，所以佛教自古以来不曾引发世界战争。

　　有人说，自古以来，能够走遍千山万水、行脚山河大地的，有军人、商旅、探险家，再者就是僧侣的云水行脚、寻师访道。

　　佛教里，一部中印交通史，万千的僧侣和佛教徒在西域丝路上彳亍独行；一部中日佛教交通史，也是多少人在海上漂流。大乘经典里，所谓"一念三千，心包太虚"，诸佛菩萨都是十方世界去来。

　　台湾自从三十年前开放观光以来，佛教徒所组织的观光团在世界各地到处旅行；海峡两岸接触和解以后，台湾的佛教徒更是蜂拥到大陆朝山。

　　我自己一生曾多次带团到印度、尼泊尔、美国等地旅游参访。此外，佛光山经常举行国际学术会议，组团到世界各国访问，甚至到梵蒂冈和教宗会面，访问伊斯兰教的清真寺等，总是希望在国际间散布和谐的种子。

我曾经说过，虽然台湾有发达的科技，促进了生活上的富裕，但那只是物质上的拥有，心灵与精神上却很贫乏，许多乱象、弊病因此不断滋生。

佛法着重于内心的净化，它认清世界不平等的根本，源于人们内在的无明我执，人类贪求权力、名誉的欲望所致；由于贪婪心的占有，彼此就会引起冲突，从而招来不息的斗争。因此，佛教告诉我们要根治世界的乱源，须从人们的心灵净化做起，从众生心中去实现人心的和平，从实践佛教的无我、慈悲、尊重、和平的教义，才能完成世界的真正和平。

联合国一再提倡和平，和平是千古以来人人梦寐以求的美景。儒家以世界大同为天下升平和乐的期望；孙中山先生也以"天下为公"作为他草创民国的理想；佛教则以四生九有、法界平等的"天下一家，人我一如"的理念，建设人间净土。

"老吾老以及人之老，幼吾幼以及人之幼"，是中国传统的兼爱思想，而佛教除了对人权的维护，更进一步，重视"生权"的平等。此为"众生皆有佛性""汝是未来佛"，恭敬尊重每一个生命的权利。由于佛教提倡生权的平等，自然跨越国界的藩篱，而能天下一家；泯除同异的分歧，而能人我一如。

《华严经随疏演义钞》云："心佛众生，三无差别。"众生彼此尊重、包容、平等、无我、慈悲，这才是民族间、国际间需要的理念。因此，我们居住在地球上，应以同体共生的地球人自我期许，提倡"生佛平等""圣凡平等""理事平等""人我平等"的思想，进而泯除人我界限，打破地域国界，人人具备"横遍十方，竖穷三际"的国际宏观，进而以"天下一家"为出发点，让每个人胸怀法界，成为共生的地球人，懂得保护自然，爱惜资源；以"人我一如"的同体观，自觉觉他，升华自我的生命，为自己留下信仰，为众生留下善缘，为社会留下慈悲，为世界留下光明。如此，才能共同促进世界的和平。

十九、未来观（发展之道）

人生最大的悲哀，就是自己对前途没有希望；有希望才有未来。

人是活在希望里：父母养儿防老，未来就有希望；培养子女接受教育，未来希望能成才。生活中，敦亲睦邻，希望未来大家生活过得更安乐；栽花种树、积谷防饥，等待中也有无限的希望和未来。中国人讲究"传宗接代"，无非是希望未来种族的寿命能延长，代代相续；甚至现在的器官移植，也是一种延续未来生命的希望。

一个国家社会，人民热心缴税，希望未来国家的建设会更好；修桥铺路，希望未来交通的建设更方便；救济贫困，希望未来社会的福利无缺陷；选贤与能，希望未来政治的发展更民主；惩治官吏，希望未来政府的形象更清廉。乃至希望风调雨顺，希望国泰民安，希望世界和平早日到来等等，这些都是现代人对未来的最大希望。

谈到"未来"，佛教不但讲过去，佛教更讲未来，并且非常重视未来，因为未来是我们的希望。在很多的佛经中，佛陀常常为弟子们"授记"将来经过多少时间后，他们会在什么世界成佛，佛号叫什么名字；授记，就是佛法重视未来的说明。佛教讲"发愿"，佛教徒时时发愿将来要往生哪一个佛国，将来要如何服务大众；发愿，就是佛教重视未来的价值。甚至，念佛的人希望往生净土，参禅的人期待明心见性，乃至布施结缘、回向功德等，都是希望未来会更好。

人是活在希望里，有希望的人生，活着才有意义；人之所以自暴自弃，往往是因为失去了希望。因为有希望，才有未来；没有未来的人生，就如黄昏的美景，因为时间太短，也就不值得欣赏了。

儿童从小跟随父母学习礼仪，进了小学学习知识，就是为了他有一个美好的未来。白天辛勤工作，夜晚还要加班，也是希望有一个更好的明天。动物要冬眠，因为它希望有未来；蚂蚁、蜜蜂储粮，也是为了未来。看到儿童、青年，觉得国家的未来有希望；花草树木虽然凋谢了，因为根本依然存在，它就有未来的生机。

未来，是我们生命生生不息的契机；未来，是生命涓涓不断的长河。人生一日，也作百年之打算；人生一期的生命虽然短暂，但有流转无限的未来。

储蓄为的是未来，勤劳也是为了要有未来。未来是一个美好的希望，为了未来，科学家为人间提供科学的成就，改进人类的未来；哲学家提供哲学理念，丰富人生的思想内涵；文学家努力创造诗篇，提供人间未来诗情画意的美好人生；实业家提供生产，改善社会大众的生活。为了未来的希望，多少革命家为国牺牲了；因为人类不断为未来辛苦奉献，所以人类的未来也才充满了无限的希望与美景。

为了未来的成就，现在的辛苦、努力，甘心情愿；为了未来的幸福，现在的流血、流汗，在所不计。为子女，想到子女将来会有成就；为家庭，希望家庭未来会安乐。为了未来有退休金，现在就要好好工作；为了未来有收成，现在就要好好耕种。为了未来有善名美誉，现在就要有好好的立身行事；为了将来在历史上能留下丰功伟绩，现在就要努力立功、立德、立言。

吾人生存在世间，只要活在希望里，则明日会更好。明天，我还有许多的事要做，所以今天就要好好休息；来生，还有漫长岁月要成就，所以今生就要努力耕耘。人，要活在希望里，不要活在过去的记忆中！因为未来比现在更美丽；有未来，才有无限的希望。

依佛教的三世因果观来看，生命不是只有一世。因为有过去，才有现在；因为有现在，才有未来；因为有未来，才有三世；因为有三世，才有希望。三世，就是过去、现在、未来。人，不但是研究过去的历史、研究现在的社会和科学，而且眼光已经注意到未来，所以有未来学的学科。

未来学，是一个未知的学科。现在的社会人间都在不断地变化，未来是没有发生的情况，要如何来研究它呢？只有从人类过去的历史经验，以及现时生活的体验，经过思想、科学，各种学科的尺度，预设未来的世界会成为什么样子，这就叫做未来学。

地球的未来、人类的未来、未来的战争、未来的经济、未来的生物、未来的太空，举世都在朝未来洞察、研究。可以说，举世的学者都在奔向未来。

人类已经在预备未来占领太空，生物学家已经研究人类的生命，未来可以活到千岁以上。地理学家引导人类开发洪荒、沙漠之地；甚至有人希望未来能把洪水化成石油，能将不好的基因改变成为好的。

未来的世界，可以搭乘火箭，直达月球、火星、木星。未来的世界，空气可以当饱，树叶可以充饥。未来的世界，石头砖块经过科学的冶炼，可以成为面包，木材也可以制成肉松。未来的世界，人类每日只要一餐，就可以活命；睡在床上，就可以遥控指挥世界。

我们不要以为这是匪夷所思，现在通过网络、传真、E-mail传播的资讯已经改变了人类的生活，缩短了人类空间的距离；生命的密码——基因的发现，更是证实佛教业力论的先进与精密。

甚至于在佛法里常常提到的天眼通，不管如何的障碍，都能看得很远；天耳通，不管多远的声音，都能听得清清楚楚；在过去的人来讲，这不就像是神话一样吗？但是现在，再远的地方，只要经过电视卫星转播，我们都可以看得到，这不是天眼通吗？再远的人讲话，通过电台广播，通过电话，我们也都可以听得到，这不是天耳通吗？天方夜谭里面的飞毯，人坐在上面，可以翱翔自在地飞往要去的地方；水晶球，你要看什么里面就会变什么，这不是神话吗？但是现在的飞机，不就像一张飞毯？电视机不就像水晶球？所以，当时好像是在说神话，但是这许多神话，其实在佛经里早已是具体的事实了。

因此，我们现在看《阿弥陀经》说，极乐净土是黄金铺地，流水有冷有热；共命鸟的啼叫和流水的声音，都是真理的法音。在极乐世界里，没有交通事故，没有男女欲染，人类都是自由飞行，眼看意想，都有悦乐；所谓随心所取，随意所需，佛教其实早已把未来的世界规划得非常美好了。

佛教理想的未来社会，就是"佛光普照的社会"，所谓佛光普照的社会就是生权政治、真理宗教俱实现了的人间净土的社会。

佛教讲的净土，不只是指十万亿佛土以外的阿弥陀佛的西方极乐世界，和药师佛的东方琉璃世界。佛教的净土是可以在人间实现，也可以在现代实现的，因为《维摩诘经》说："随其心净则国土净"，意思是说，娑婆世界很脏乱、很黑暗、很动荡不安、很令人烦恼，但这一切都是我们不健全的心理所表现出来的。假如我们有健全而美好的心理建设，则未来在佛光普照下，这个世界就可以成为人间净土了。

"人间净土"是未来的理想社会，要达到此一理想，圆满此一目标，必须人人持守五戒。五戒是佛教的根本戒法。所谓五戒：第一，不杀生；第二，不偷盗；第三，不邪淫；第四，不妄语；第五，不吸毒。五戒分开来讲有五条，其实从根本上看只有一条——不侵犯众生。人间的争斗、动乱、不安，主要就是由于彼此相互侵犯，不尊重他人而引起的。只要人人奉行五戒，则不乱杀，这是尊重别人生存的权利，不去侵犯；不乱取，这是对别人所有物的尊重，不去侵犯；不乱淫，这是尊重别人的身体名节，不去侵犯；不乱说，这是尊重别人的名誉信用，不去侵犯；不乱吃，这是尊重自己的身体、健康、智慧，不去侵犯。如果世间的每个人都能严持五戒，进而实践四摄六度，明白因果业报，奉行八正道法，那么人间净土的理想就不难实现了。

人生一期的生命，从过去延续到现在，从现在慢慢走向未来。在未来的道路上，生命分段的生死，虽然只有几十年的岁月，但生了又死，死了又生，一次又一次地往无尽的未来走去。

未来是什么？未来会如何？一般人莫不希望自己有一个美好的未来，甚至希望能够预知自己的未来是什么样子，因此就有许多人求助于算命、卜卦，企图借算命卜卦来预知未来。其实，未来是什么？未来无始无终！未来好像一个时钟，滴答滴答地往前走，走到什么地方停下来，这是不可知的谜。既然知道未来是无穷无尽，我们又何必斤斤计较于现在？现在，今生，百年的岁月，在无穷无尽的未来里面，能占有多少呢？因此正信佛教不主张求神问卜，也不必算命卜卦，因为未来是没有办法预知的，如果我们一定要预知自己的未来，那么就把未来掌握在自己的手中，因为《净土指归集》卷二说："欲知前世因，今生受者是；欲知来世果，今生作者是。""如是因"必然招感"如是果"，自己的命运是可以由自己来决定的。

因此，欲知未来，不如把握现在。人生有过去，有现在，有未来。其实，过去的也未尝过去，它影响到我们的现在；现在的时光虽不停留，它却领导着我们走向未来；未来还有未来，生生世世就这么轮转不休。广义的过去，无量"阿僧只劫"；广义的未来，还是无量无数的"阿僧只劫"。对于过去的行为，吾人可以作为反省，也可以自我检讨，从中吸取经验，改进未来；对于现在，吾人不能停滞，不可故步自封；因为不放弃后面的一步，又怎么能跨步向前呢？所以，生命的价值，不光是生命的过去，更大的价值是生命的未来，因为未来就是每个人的希望。当我们在播种之时，必然希望有所收获；看到太阳下山了，我们希望它明朝依旧升起。人生就是活在未来的希望里，因为知道有未来的幸福可期，所以现在无论如何的艰难困苦，我们都能甘之如饴。如果没有理想，谈何方向？谈何实现？没有未来，我们就没有目标，就没有理想，也就无法享受成功的喜悦。

所以，佛教的三世因果观，带给人生无限的希望与未来。所谓三世，前世、今生、来世，是三世；过去、现在、未来，也是三世；甚至前一秒、此一秒、下一秒，都是三世。三世在我的当下一念，在我的一心之中。因此吾人要好好地把握过去、现在、未来，使它善行循环，善念相继，如此才能有美好的未来，才会有圆满的人生。

佛法分世间法、出世间法，佛教最终的目标虽然是追求出世的涅槃解脱之道，不过人生在世是离不开世间法的，即使是佛法也主张"先入世再出世"。

所谓"佛法在世间，不离世间觉；离世觅菩提，恰如求兔角"，人既然不能离开世间而生存，也不能没有入世的生活。但是一般人的生活，大部分是过着：

（一）以物质为主的生活，因为物质占了我们生活的主要部分。

（二）以感情为主的生活，因为人是感情的动物，所以佛说"众生"为有情。

（三）以人群为主的生活，因为人不能离群而独居。

（四）以根身为主的生活，因为一般人都是依靠眼、耳、鼻、舌、身、意（六根）去追求色、声、香、味、触、法（六尘）的快乐。

　　人虽然过着物质的生活、感情的生活、群居的生活、根身为主的生活，但是：

　　（一）物质是有限的，不能满足我们无限的欲望；所以我们要有"合理的经济生活"。

　　（二）人情是缺陷的，不能永远令我们满意，所以我们要有"净化的感情生活"。

　　（三）人群是利益冲突的，不能长久和平相处，所以我们要有"六和的处世生活"。

　　（四）根身是无常的，因缘会招感聚合离散，所以我们要有"法乐的信仰生活"。

　　以上所说，都是规划人间佛教的蓝图、建设人间佛教的净土不可或缺的内容。

　　此外，在《维摩诘经》中"佛道品"的内容，可以说都是人间佛教的内容，如：

　　　　智度菩萨母，方便以为父，一切众导师，无不由是生。

　　　　法喜以为妻，慈悲心为女，善心诚实男，毕竟空寂舍。

　　　　弟子众尘劳，随意之所转，道品善知识，由是成正觉。

诸度法等侣，四摄为伎女，歌咏诵法言，以此为音乐。

总持之园苑，无漏法林树，觉意净妙华，解脱智慧果。

八解之浴池，定水湛然满，布以七净华，浴此无垢人。

象马五通驰，大乘以为车，调御以一心，游于八正路。

相具以严容，众好饰其姿，惭愧之上服，深心为华鬘。

富有七财宝，教授以滋息，如所说修行，回向为大利。

四禅为床座，从于净命生，多闻增智慧，以为自觉音。

甘露法之食，解脱味为浆，净心以澡浴，戒品为涂香。

摧灭烦恼贼，勇健无能逾，降伏四种魔，胜幡建道场。

虽知无起灭，示彼故有生，悉现诸国土，如日无不见。

供养于十方，无量亿如来，诸佛及己身，无有分别想。

　　"人间佛教"的思想理论，证诸经典语录，佛陀的教示本来就充满了人间性，人间佛教其实就是佛陀的本怀，这是不容置疑的事实。所以，人间佛教的蓝图，可以说早在二千五百多年前佛陀就已经为众生规划完备。只是，如何弘扬人间佛教，如何通过各种弘法活动，让人间佛教的蓝图实际在人间呈现，这才是后世佛弟子所应该用心、努力的方向。

　　有感于人间佛教不能只是停留在理念的层次，而应该以积极行动来落实佛法，因此佛光山开山三十多年来，一直秉持着"以文化弘扬佛法，以教育培养人才，以慈善福利社会，以共修净化人心"的四大宗旨，从各个领域落实佛法。

　　例如在教育方面，为了培养人才，除先后创办了十六间佛学院、四所大学、二十六间图书馆、九所美术馆之外，在全世界同步举办的世界佛学会考，更带动全球各地的学佛风气；以及各别分院道场举办的佛学夏令营、佛学讲座、都市佛学院、星期儿童班等，更将菩提种子撒满世界各个角落。

　　在文化方面，除了至今仍在持续进行的大藏经编纂工作外，历经数年完成的《佛光大辞典》于 1989 年荣获金鼎奖，对海内外学佛者的助益甚大。

　　《中国佛教经典宝藏》将佛经予以白话化、通俗化，有助于大家更深入理解经义。甚至为让有心学佛者通盘了解佛教，五年前我特别集合了近百人，先后编撰《佛教丛书》及《佛光教科书》，把佛教做了一番有系统而完整的介绍。

去年开始，佛光山又创办了一份《人间福报》，以及编辑《普门学报》《中国佛教学术论典》《中国佛教文化论丛》，带动佛教的学术研究风气。

此外，"人间卫星电视台"为佛教广开言路，也为传播佛法尽一份力量；香海文化、佛光文化、如是我闻等事业机构更发行雅俗共赏的佛教刊物，以现代化的视听影音技术弘法利生。

在慈善弘法方面，大慈育幼院、施诊医疗队、老人之家、万寿园等的设立，使生老病死皆有所安。在布教修持方面，佛光山在世界各地的信徒于每周六同一时间念佛共修，其他因应当地情况的定期共修法会及十余所禅堂、念佛堂、抄经堂、礼忏堂，都对净化人心发挥了预期的效果。

在我自己的这一生当中，自认一直都很用心地在推广"人间佛教"，当我在讲述佛法时，要让大众听得懂；书写文章时，要让大众能体会；兴建道场时，要让大众用得上；举办活动时，要让大家能参与；开办法会时，要让大家能法喜；海外弘法时，也总是会提供语文翻译。我随时随地顾及大众的需要，因为实用的佛教，才是人们所需要的佛教。

甚至为了顺应时代的需要与众生的根机，早在 1954 年，我率先发起倡印精装本的佛书，我提倡街头布教；慢慢地，我又将之发展为监狱学校的弘法以及电台、电视的讲演。我组织了全台湾第一个佛教的歌咏队，从事环岛布教，宣扬佛法教义。四十多年来，我努力将寺庙演进为讲堂，将课诵本演变成佛教的读物，将个人的修行扩展至集体的共修，将诵经转化成讲经；甚至为了扩大在家信众参与弘法的空间，我创办了国际佛光会，建立了檀讲师的制度，希望让人间佛教的蓝图，逐步在佛光普照的理念下，一一实现。

终于，经过多年来的努力，以及在十方信众的护持下，佛光山的确已经成就了不少值得皆大欢喜的贡献，例如：

（一）台湾佛教人口增加；

（二）青年学佛风气日盛；

（三）在家弟子弘扬佛法；

（四）人间佛教获得认同；

（五）传播媒体重视佛教；

（六）佛教文物广泛流通；

（七）佛教梵呗受到尊重；

（八）佛光人会蓬勃发展；

（九）教育学界肯定佛教；

（十）政党人物实践佛教；

（十一）演艺人员皈依佛教；

（十二）佛学会考成绩辉煌。

甚至影响所及，已经带动台湾佛教，

（一）从传统的佛教到现代的佛教转变；

（二）从独居的佛教到大众的佛教转变；

（三）从梵呗的佛教到歌咏的佛教转变；

（四）从经忏的佛教到事业的佛教转变；

（五）从地区的佛教到国际的佛教转变；

（六）从散漫的佛教到制度的佛教转变；

（七）从静态的佛教到动态的佛教转变；

（八）从山林的佛教到社会的佛教转变；

（九）从遁世的佛教到救世的佛教转变；

（十）从唯僧的佛教到和信的佛教转变；

（十一）从弟子的佛教到讲师的佛教转变；

（十二）从寺院的佛教到会堂的佛教转变；

（十三）从宗派的佛教到尊重的佛教转变；

（十四）从行善的佛教到传教的佛教转变；

（十五）从法会的佛教到活动的佛教转变；

（十六）从老年的佛教到青年的佛教转变。

这一切的成就在在说明了：佛法不管怎么好，都要能随顺社会大众的需要，要能让人受用，如此才有价值。因此，所谓提倡人间佛教，真正需要的是落实人间佛教的行者，人间佛教不能只是喊喊口号而已！

未来人间佛教必然是佛教的主流，这是无法阻挡的时代潮流，因为唯有人间佛教，才是大众所需要的佛教。

（原刊 2001 年 11 月《普门学报》第 6 期）

三皈五戒的人间意义

　　本文是应初机信者所需，针对人间佛教三皈五戒的意义所做的通俗讲话，因为解释的内容于传统说法有所增益，可为人间佛教的入门，故而选录于此。

　　各位受持三皈五戒的信徒们，大家平安吉祥！

　　非常恭喜你们，今天佛陀把你们接引到他的座前来，承受他的慈悲光明，你们也接受对佛陀的信仰，发心皈依三宝，并且受持五戒，这是人生最有意义的事，真是可喜可贺。

　　人生最大的利益，一般人都是追求功名富贵，金银财宝；但是真正说来，世间所有的利益总加起来，都远不及皈依三宝和受持五戒的价值。

　　皈依三宝是学佛的入门。佛、法、僧三宝是佛教徒信仰的中心，也是超越世间的圣财。佛如光，能圆熟众生，是为世间的教主；法如水，能滋润众生，是为人生的真理；僧如田，能生长信者的功德法财，是住持佛法的善知识。三宝的重要，就好比阳光、雨水、大地，缺一不可。唯有皈敬三宝，才得以长养法身慧命，升华心灵世界，跨越人生的藩篱。

　　受持五戒则是信仰的实践。戒为一切善法的根本，戒的本质是不侵犯，从不侵犯中，完成身口意三业的清净。受持五戒，可以增长信心，可以生出功德，可以产生力量，可以人身平安，可以增加道念，可以防非止恶，可以慧由心生，可以获得尊重，可以产生和谐。

　　皈依三宝和受持五戒的功德无量无边，若不皈依受戒，则无缘受用。只是有的人对求受三皈五戒，事前总会犹豫、怀疑，觉得"我有资格皈依三宝吗？""我能受持五戒吗？"其实不必担心，求受三皈五戒，只有百利而无一害。皈依三宝只是确立自己的信仰，万一将来因为某种因缘改变初衷，不再信仰佛教，甚至改信他教，顶多只是人格、信用上有所落差，并不会因此造下罪业。

　　至于受持五戒，大家总害怕受戒后会犯戒，其实戒有"波罗夷"和"突吉罗"之分。"波罗夷"的重戒不容易犯，"突吉罗"的恶作小戒虽然一时难以断除，但那是可以忏悔、改进的。所以，受戒后即使犯了戒，也不是严重的问题；受戒不是不再会犯戒了，重要的是能改进忏悔，这就是所谓的"人非圣贤，孰能无过，知过能改，善莫大焉"！

　　今天你们就即将要接受"三皈五戒"了，此刻大家心中必定有一些疑云，所以在皈依受戒之前，我先此为大家做一些说明、释疑。

一、三皈五戒释疑

首先针对"皈依三宝"的相关问题，说明如下：

一、信仰佛教一定要皈依吗？

有人说，我本来就信仰佛教，平时也有烧香礼拜，为什么一定要参加皈依呢？我们知道，政治上你想参加任何党派，没有经过宣誓，就不能成为那个党的党员；担任总统等公职，也要宣誓才算正式就职。男女两性结婚，必须举行结婚典礼，经过公众承认，在法律上才能合法生效。

做一个佛教徒，必须经过皈依三宝的程序，在皈依时，自己以虔诚的心和佛陀接心，佛陀再以慈悲威德灌注到你的身心，如此感应道交之后，你才能成为佛教信徒；假如没有经过皈依这个仪礼，只是拜拜、烧香，都不算佛教徒，只能算是一个佛教的尊敬者。

二、皈依三宝需要吃素吗？

有人说，我可以皈依三宝，但不能吃素，因此关心：皈依三宝以后，是不是一定要吃素呢？其实皈依三宝并不一定要吃素，吃素是生活习惯，是道德问题；皈依三宝是信仰的确认，与素食没有关系。有一些不皈依的人，他们基于健康、道德或习惯等因素，都可以吃素，但发心皈依的人，不一定要吃素。皈依三宝是表示我信仰佛教，成为佛教徒，不再信仰其他宗教，所以皈依三宝以后要"改性不改宗"，也就是改变不好的性格，但是除了佛教以外，不再改信其他宗教。不过，皈依以后虽然不一定要吃素，如能减少杀生，还是很重要的修行。

三、皈依三宝以后，万一将来改信他教，会遭到天谴吗？

今天大家在此皈依三宝，有人或许会担心，万一将来我碰上什么因缘而不再信仰佛教了，甚至改信其他宗教，会不会如一般人所说的遭到天打雷劈，会有灾难降临吗？

不会的！佛教不是用神权来控制我们的信仰，佛教是重视信仰自由的宗教，历史上有许多异教徒改宗皈信佛教，我们都把他们看作是"升学"一样；假如佛教徒皈依以后，因故不再信仰佛教，顶多只是有损自己的信用、承诺，但不会遭到天打雷劈。所谓"遭天谴"的说法，那是邪教利用神权来控制人的方法，佛教不会这么做，佛教的信仰是建立在自己心甘情愿、发心立愿上，佛菩萨绝对不会降灾殃给我们。

其实，现在世界各地不乏信仰两种宗教的事例。当然，佛教的信仰讲究纯洁、专一，所谓"一心念佛""一心持名""一心皈命"；能够一心一意、一师一道最好，如果不得已，也只有方便行事了。

四、皈依三宝是拜师父吗？

佛教里经常有把信徒看作是自己私人所有的现象，因此常听说："某某信徒是某某法师的徒弟。"其实皈依三宝时，主持皈依的法师只是为我们做个证盟，证明我们是三宝弟子，是佛教徒，因此皈依不是拜师父。皈依是表示信仰，信仰何其神圣；拜师父是世间上的礼仪，即使今天我在此主持三皈五戒典礼，也只是证明的老师，因为我也是佛法僧三宝的弟子之一，我只是比你们早入道而已。

所以皈依三宝是表示我信仰了佛教，愿意以佛法为人生的指南，是服膺佛教的真理，并不是拜某人为师父。

五、皈依三宝以后可以祭拜神明吗？

有人会问：过去我拜的是妈祖、城隍、王爷等神明，现在皈依三宝了，以后还可以拜他们吗？当然可以！我们平时见到长辈、老师、圣贤，都会礼敬，甚至对不同宗教信仰的人，也会握手、点头，表示礼貌。人和人都需要互相尊重、礼敬了，为什么不可以对神明尊敬、拜拜呢？只是我们要知道，拜拜、恭敬和皈依、信仰是不一样的，拜拜是一时的，皈依是一生一世的，尊敬不同于信仰，所以皈依以后可以超越神明的信仰，不为神权所控制，这才是重要的。

六、皈依以后，可以继续祭拜祖先、宗亲吗？

中国人一向重视孝道，提倡"慎终追远"，每逢年过节都要祭拜祖先，因此有人担心：我现在皈依三宝了，以后还能祭祖先以尽孝思吗？当然可以！皈依三宝之后对于正派而非旁门左道的神明都可以礼拜了，何况佛教是提倡孝道的宗教，因此对于祖先、宗亲，当然可以继续尊敬、祭祀。

七、皈依以后，可以到其他道场礼佛吗？

今天大家在佛光山道场宣誓皈依，佛光山成为你们法身慧命的道场，今后是不是可以到其他寺院去礼佛呢？这个问题毫无疑义的"当然可以！"因为寺院道场虽然不一样，但佛祖都是同一个，不论是哪里的佛祖，并不需要妄加分别。

不过，今天大家在佛光山皈依，"传承"上确实是有一些不同，所以有一点大家要认识清楚：佛光山是你们皈依的根本道场，属临济宗的法脉，佛光山以外的其他寺院，就如朋友一样；这就如同法律规定，男女结婚的对象只能一个，其余的只能是朋友的关系。因此，今天大家在佛光山皈依了，以后可以到别的寺院随喜参加活动，但是要记得，佛光山是各位求受三皈五戒的根本道场。

八、皈依以后，需要奉持什么戒律吗？

皈依三宝是表示自己从此信仰佛教，成为三宝佛法僧的弟子，不再信仰其他宗教，所以是确定信仰目标的表示，并不需要受持什么戒律。不过，如果勉强说有什么戒律需要遵守的话，那也只有一条，就是皈依者需要信守自己皈依时的宣誓，即，皈依佛，尽形寿不皈依天魔外道；皈依法，尽形寿不皈依外道邪说；皈依僧，尽形寿不皈依外道门徒。

但是，这些誓愿并不针对正当的教派，而是针对一些没有历史、没有传承、没有教义的邪教，或者以欺世盗名为尚的邪说而言，因为邪教、邪说，千万不可以皈依。

皈依三宝虽然没有戒律的限制，然而皈依后大家在言行上总要有一些改变，才能显示自己和一般人不一样了。例如，要不断想到：我是佛教徒了、我要反省自觉、我要行佛慈悲、我要参与佛教活动、我要护持佛教事业等等。此外，皈依三宝的人一定要有正知正见，要深信因果，要能"诸恶莫作，众善奉行"，如此才能获得佛法的受用，才能得到信仰的利益。

解说过"皈依三宝"的问题以后，再就"受持五戒"释疑如下：

一、受戒是束缚吗?

一般人认为受了戒以后，生活里"这样不行，那样不能"，不是增加束缚，很不自由吗? 因此有人说：何必受戒，自找束缚呢!

其实，我们到监狱里去调查，凡是身系囹圄失去自由的人，探究其原因，都是触犯了五戒。譬如：杀人、伤害、毁容，是犯了杀生戒；贪污、侵占、窃盗、勒索、抢劫、绑票，是犯了偷盗戒；强暴、嫖妓、拐骗、重婚、贩卖人口、妨碍风化，是犯了邪淫戒；毁谤、背信、诬告、伪证、造谣、栽赃、恐吓，是犯了妄语戒；贩毒、吸毒、运毒、吸食烟酒等，凡是刺激性的食品，能伤害人的神智，都是毒品，是犯了饮酒戒。由于犯了五戒，于是身陷牢狱，失去自由。所以受戒也是守法，能够受持五戒、真实认识五戒的人，才能享有真正的自由。因此，戒的真义是自由，而非束缚。

二、在国家有国法，在佛教有五戒，国家的刑法与五戒有什么不同吗？

佛教徒受持戒法，就好比学生遵守校规，人民恪守法律一般；不同的是，校规、法律是来自外在的约束，属于他律；而佛教的戒律，是发自内心的自我要求，属于自律。

也就是说，国家的法律是用外力规范人、强迫人不可以犯罪；而佛教的五戒，则是自己本身心甘情愿奉行的，不去冒犯这五种恶事。所以，国家的刑法是处罚犯罪于已然，佛教的戒律是防范犯罪于未然，两者的信行功德是不一样的。

三、受持五戒后，一定要吃素吗？

不一定，就如皈依三宝一样，在饮食上并没有特别的限制，只是受持五戒后，虽然戒律上没有限制你要吃什么、不能吃什么，不过佛教的信仰，总是教人慈悲、有道德、不要杀生。在佛法里有所谓"三净肉""肉边菜"，也有六斋日、吃早斋等，都是一种方便，所以受戒后，应当自我净化身心，以期成为一个慈悲、有道德的行者。

四、有人说，佛教讲"因果报应"，我们吃猪、马、牛、羊，将来会有投胎成为猪、马、牛、羊的果报；我们打死苍蝇蚂蚁，也会成为苍蝇蚂蚁，那么我们如果杀人，将来不就可以再生为人了吗？

这是一种谬误的见解，执着这种邪见的人就是"破见"。"破见"的人比"破戒"更可怕。破戒是违犯戒法，是个人行为上的过失，可以忏悔纠正；破见是谬解真理，是根本思想上的错误。一个破见的人，在见解上无法再接受佛法真理，就永远与佛道无缘，因此破戒可以忏悔，破见不通忏悔。

在佛教里，一个人破戒并非可耻，只要至诚忏悔，仍有重生的希望；而一个破见的人，则如病入膏肓，无药可救，这就如同在政治上，思想犯的罪过比较严重。在佛教的戒律上，错误的思想见解，如"身见""边见""邪见""见取见""戒禁取见"等五种昧于因果的邪恶见解，都是烦恼的根源，也是障道的根本。所以一个修学佛法的人，首先要培养正知正见，须知受了戒，行为有了依循的标准，懂得自我约束，纵有所犯，也能忏悔。因此戒不可怕，有戒才和平，有戒才安全，有戒才有保障。

五、受持五戒之后，如果在日常生活中不小心打死蚊蝇、虫蚁，也算是杀生吗？从佛教的戒律来讲，杀生有两种，一叫突吉罗（轻垢罪），一是波罗夷（极重罪）。波罗夷是不可救的意思，也就是"弃罪"，杀人才会构成"波罗夷"罪，这是戒律中的根本大戒，是不通忏悔的。

日常生活中，无意间杀害蟑螂、虫蚁，是犯突吉罗，属于恶作，虽然一样有罪，但跟杀人不一样。这种杀生虽有过失，但可通忏悔，可以补救，可以将功折罪，例如有的人以放生、护生来灭罪，也有的人用忏悔、发愿来消业。

六、受戒以后万一犯了戒，怎么办呢？

有人认为受戒难免会犯戒，不受戒就不必担忧会犯戒。事实上，受戒后纵使犯戒，因为有惭愧心，懂得忏悔，罪过较小，还是有得度的机会。不受戒的人，犯了戒，不知忏悔，罪过加重，因此沉沦三途恶道。所以，宁可受戒而犯戒悔过，也不要不受戒而犯戒；因为受戒才有得度的机会，不受戒就永无成佛的可能。何况不受戒，并不代表做错事就没有罪过，不受戒而犯戒，仍然有罪，仍然难逃因果业报。

七、佛教的戒律受持之后，究竟有什么利益呢？

受持五戒是人道的根本，一个人受持五戒，会有无尽的利益。根据《灌顶经》说：我们受持五戒，必感得二十五名善神的护佑。《月灯三昧经》也记载，持戒清净者能获得十种利益，即：

（1）满足一切智，（2）如佛所学而学，（3）智者不毁，（4）不退誓愿，（5）安住于行，（6）弃舍生死，（7）慕乐涅槃，（8）得无缠心，（9）得胜三昧，（10）不乏信财。

此外，如果我们不杀生而护生，自然能获得健康长寿；不偷盗而布施，自然能发财享受富贵；不邪淫而尊重他人的名节，自然家庭和谐美满；不妄语而赞叹他人，自然能获得善名美誉；不喝酒而远离毒品的诱惑，自然身体健康，智慧清明。

八、受持五戒之后，应该再求受其他什么戒法吗？

受持五戒是尽形寿受持，不是一日一夜受持而已；五戒可以全部受持，也可以随分受持。在家居士人人都可以就着自己的情况，选择自己容易受持的一戒、二戒，乃至三戒、四戒，精进受持，渐渐达到五戒圆满。甚至可以进一步再发心向上受持菩萨戒，它有"十重四十八轻戒"。能够发菩提心来成就菩提事业，不但可以使入世的事业顺利、家庭圆满，出世的精神世界也会更加开阔。如此逍遥法界、自由自在，真是人生最美好的境界了。

以上先就"三皈五戒"经常被误解，或容易令人疑惧、却步的问题，简单阐述后，再分别介绍三皈、五戒的内容如下。

二、先说"三皈"

人生不能没有信仰，踏出信仰的第一步，就是要"皈依三宝"。皈依三宝可以使人生更为多彩多姿，更加踏实安全。

"三宝"就是佛、法、僧。所谓"宝"，有世间的财宝，有出世间的财宝。世间的财宝是黄金、钻石、珍珠、玛瑙等，出世间的财宝就是佛、法、僧。拥有世间的财宝，能够丰富我们的物质生活；获得出世间的佛、法、僧三宝，可以使我们的精神富有。因此，我们想要活出丰富的人生，就必须先要皈依三宝。

皈依三宝是信仰的肯定，是走向真理的道路，皈依三宝才能认识自己，所以我们每个人都应该皈依三宝，并且把他当成是人生中最重要的大事。

所谓"皈依"，就是"皈"投"依"靠的意思。我们在世间上生活，有时候自觉力量不够，总希望有一些大力的人来作为我们的依靠。但是世间上有什么是真正可以让我们安心皈投、依靠的呢？

俗语说："在家靠父母，出外靠朋友。"小孩子一出生，就知道要靠父母。但是即使亲如父母子女，一旦身体有了病痛，或是无常来时，父母也不能代替你受。甚至你靠神明，神明也靠不住，因为神明自己有朝一日五衰相现时，也会堕落。所以佛陀一再叮咛我们，不要让神明、相命、卜卦、风水等神权来操纵我们一生的穷通祸福。

那么，人生最好的皈投、依靠是什么呢？《成佛之道》说："皈依处处求，求之遍十方；究竟皈依处，三宝最吉祥。"佛法告诉我们，世间上最靠得住的，就是佛法僧三宝，三宝才是值得我们信赖的对象；皈依三宝才是寻找依靠最好的方法，因此我们要"皈"投"依"靠三宝，请求三宝救护，期能解脱众苦。

所以，"皈依"其实含有"救济""救护"的意思。世间上，小孩子需要依靠父母，生命才得安全；老人需要依靠拐杖，走路才能安稳；航海的人需要依靠指南针，船只才能平安返航；黑夜中需要依靠明灯，行人才能看清方向。三宝就像我们的父母，当一个小孩被人欺侮时，虽然父母不在身边，但是只要他叫一声"妈妈"，别人就不敢随便欺负，因为他有母亲。同样的，世间上邪魔歪道、坏人坏事很多，有了三宝作为依靠，生命就有了安全的依怙。

三宝又像我们的指南针，可以引导我们在茫茫的人海中航向平安的避风港。每个人白天外出，一到晚上都知道要回家；皈依三宝、常念三宝的功德，可以让我们仰仗三宝功德的加被，借此宝筏，出生死流，勇渡苦海，回归真实的自我，回到自己真正的本来之家。所以皈依三宝可以让我们现世找到安身立命之处，让我们未来有家可归！

三宝佛法僧，佛者，梵语 buddha，“佛陀”的简称，是指证悟宇宙真理，而又能本着无尽的慈心悲愿，以真理来教化众生的圆满觉者。因为自觉、觉他、觉行圆满，成就无上正等正觉，所以称为“佛陀”。这里是指佛教教主本师释迦牟尼佛，或泛指十方三世一切诸佛。

法者，梵语 dharma，音译为“达摩”，含有“轨持”之义。所谓教法、理法、行法、果法四法宝，能成无上正等正觉之轨道，如三藏义理，故名为法。

这里是指根本佛法四圣谛、十二因缘、八正道、三法印，或泛指大小乘十二部经等。

僧者，“僧伽”的简称，意译为和合众。在这里是指奉行佛法、和合共住的出家僧团。具有“理和”与“事和”二义。

理和：指大家所断除的烦恼、所证得的真理，都是相同不二的。

事和：指身、口、意三业在事相上，共同遵守六项要点，不相违背，是建立僧团的基础。即：

1. **见和同解**：在思想上，建立共识；这是思想的统一。

2. **戒和同修**：在法制上，人人平等；这是法制的平等。

3. **利和同均**：在经济上，均衡分配；这是经济的均衡。

4. **意和同悦**：在精神上，志同道合；这是心意的开展。

5. **口和无诤**：在言语上，和谐无诤；这是语言的亲切。

6. **身和同住**：在行为上，不侵犯人；这是相处的和乐。

由此事理二和，上弘佛道，下化众生，自度度人，故名为僧。这里是指当初跟随佛陀出家修道的五比丘，和千二百五十位大比丘阿罗汉，或泛指现前僧众，以及大菩萨僧众。

其实究竟说来，"佛"就是指我们自己，因为人人都有佛性；皈依佛，就是皈依我们的真如佛性。所谓"法"，就是真理，是我们每一个人的自觉法性，也就是不死的法身慧命。所谓"僧"，乃福田之意，就好像拥有了大地，拥有了田地；开发了心田里的土地之后，就可以种植建设，就能对自己的功德深信不疑了。

简单地说，皈依三宝，佛是教主，法是真理，僧是导师，三者都是令众生得度的重要因缘。所以经典譬喻：佛是良医，法是妙药，僧是看护。对于患病的人来说，唯有同时拥有三者，才能病愈。人生也是如此，唯有依靠佛、法、僧三者的力量，才能离苦得乐，才能到达自在解脱的世界，因此佛法僧称为三宝。

皈依三宝能令我们认识自性，开发内心的宝藏。因为皈依佛：佛是人间真理的体会者，他宣扬真理之光，引导我们走向光明，如同天上的太阳、月亮，可以使迷途者寻获正道。

皈依法：法是不变的规律，可以规范我们日常生活的德行。依之而行，可以有正确的认识；躬行实践，可以到达彼岸，等于火车的轨道，依之而行便可到达目的地。

皈依僧：僧是奉行佛法求解脱者，等于老师，可以做我们的善知识。他虽然还没有断烦恼、证实性，但他能通过佛法的真理，教导大家不断地学习；亲近他，可以使我们身心净化，性灵提升。

皈依三宝，犹如获得灵丹妙药，能够医治我们贪嗔痴的心病；譬如点亮灯烛、星月，能够指引我们的迷途；又如在人海里找到舟航，能够脱离生死的苦海。

皈依三宝不但能使我们得到究竟解脱，并能获得许多现世的利益。包括：

1. **成为佛弟子**：皈依三宝的人，是以宇宙间最伟大的圣者释迦牟尼佛为老师，正式成为佛陀的弟子。

2. **不堕恶趣**：皈依三宝的人，经云：皈依佛，不堕地狱；皈依法，不堕畜生；皈依僧，不堕饿鬼。皈依三宝，可以恶道除名，人天有份。

3. **庄严人格**：皈依三宝以后，信仰层次提升，如同人的身上穿戴道德的华服、宝冠，人格因此庄严起来。

4. **善神拥护**：佛陀曾指示护法龙天、一切善神，在末法时代，要保护皈依三宝的弟子。因此，皈依三宝可以得到天龙八部、护法善神的拥护。

5. **获得尊敬**：皈依三宝的人，能得到人天大众应有的尊敬。

6. **成就好事**：仰仗三宝力量的加持，能令皈依者减轻业障、平安吉祥，一切好事都能成就。

7. **积集福德**：据《佛说希有校量功德经》记载，即使具足四事供养，乃至建立七宝佛塔供养舍利，所得功德，不及皈依三宝者的功德百分之一，可见皈依三宝的利益广大殊胜。

8. **值遇善人**：皈依三宝，能令我们减少烦恼，得遇善人为友，所到之处都能得到方便，会有好的因缘。

9. **受戒基础**：皈依三宝的人，才有资格进一步求受五戒、八关斋戒，甚至在家菩萨戒等。

10. **成就佛道**：凡是皈依三宝的人，即使此生没有修行，因为有信心、善缘，将来在弥勒菩萨下生人间的"龙华三会"时，都能得度。

佛、法、僧三宝的重要，就好比阳光、空气、清水，看来都很平常，实则乃人生之至宝！"日光空气水，人生三件宝"；"佛法僧三者，出世之三宝"，无此则精神慧命难以成长，无此则心灵世界无以升华。

　　三宝也有各种层次的不同，有最初三宝、常住三宝、自性三宝等。什么叫最初三宝呢？在纪元前 5 世纪，出生在印度的悉达多太子，舍弃王位，在苦行林修行学道之后，成为佛陀，或曰释迦牟尼佛，是为最初佛宝。

　　佛陀是慈悲、智慧、圣洁、威猛的一个能自觉觉人的圣者。他成道之后，说法四十九年，谈经三百余会，跟随他的大阿罗汉弟子一千余人，每次说法百万人天，是一位大觉完人，所以称为佛宝。

　　所谓最初法宝，就是佛陀所说的四圣谛、十二因缘、八正道等，只要合乎"诸行无常""诸法无我""涅槃寂静"之三法印的，都称为法宝。法宝是宇宙人生的真理，只要是了义经，都是亘古今而不变、历万劫而常新的生命之道。假如人能进入到涅槃，与真如实相相应，与虚空大化合而为一，就是不生不灭的法宝了。

　　所谓最初僧宝，就是从当初跟随佛陀出家的五位比丘，到比丘尼、罗汉、菩萨等弟子，有名的如弥勒菩萨、地藏菩萨，还有大阿罗汉舍利弗、目犍连等千二百五十位的比丘。另外还有比丘尼那就难以计数了，这是佛陀在世时最早的僧团组织，也就是最初的僧宝。

　　提到佛陀，我们的心中自然就会浮现佛陀"三十二相、八十种好"的影像，只可惜所谓"佛在世时我沉沦，佛灭度后我出生，忏悔此身多业障，不见如来金色身"。不过我们虽然无福得见最初三宝，但还是有幸能见到佛像、经典、大善知识，即所谓的"常住三宝"。

当然，皈依三宝最重要的还是要从"常住三宝"，升华到"自性三宝"，因为三宝不只是外在的金银财宝，更是内在清净的真如佛性，唯有用心发掘、开采才能获得。

所谓"自性三宝"，佛陀在二千六百年前，于菩提树下的金刚座上悟道时，就说大地众生皆有如来智慧德相，这就是告诉我们，在每一个人的自性当中早已圆满具足了三宝的无量功德。因此，人人皆有佛性，就是佛宝；人人皆有平等无差别的法性，就是法宝；人人都有喜好清净和乐的心性，是为僧宝。

所以，真正的皈依三宝，就是要皈依我们的自性三宝。

大家经常会说：我这个人如何、我的个性如何、我的性格如何……

是的，每个人的性格都不同，即使麦克风也有性格，有的麦克风只要五千元、一万元就能买得到，但也有的价值连城，一支要一二百万元。从千元到百万元，能量差距当然很大了。

人的本性也是一样，有的人"能早能晚"，有的人能早但到了晚上就没有力气了；有的人"能饱能饿"，但有的人肚子一饿就没有力气，什么事都不能做了；有的人"能闲能忙"，但是也有的人能闲不能忙，只要稍微忙一下就大呼吃不消；有的人"能有能无""能大能小""能进能退"，能接受荣耀也能忍受侮辱……

其实，佛陀说"大地众生皆有佛性"，也就是众生皆有成佛的性能。皈依三宝以后，大家的佛性、性能就更增强了。我们既然成佛都能，还有什么事不能的呢？只不过大家要有"直下承担"的勇气。现在，只要你们敢大声说"我是佛"，把"我是佛"这句话说得惊天动地，就能获得很大的利益。

因为过去我们都认为自己是凡夫，现在我们已经皈依三宝，承认自己是佛了，就可以跟佛一样。例如，过去抽香烟，现在想：佛祖有这样叼烟的吗？过去会喝酒，现在想：佛祖有这样喝酒吗？有时候和父母、兄弟姐妹吵架斗嘴了，赶快提起正念，心想：佛祖会跟人吵架吗？凡事都想"我是佛"，就不会做坏事了。

现在举世之间，各种杰出的人才辈出，但是我觉得那些都不是最重要的，重要的是各位今天皈依三宝了，一下子出了这么多个佛祖，这才是世间最伟大的事情。

一个人尚未得度以前，崇拜偶像是很重要的，因此泥塑木雕的佛像在虔诚信仰的人心中就是佛。一旦皈依之后，在日常生活中，必须做到相信因果，相信佛法，并且要有所修持。所以皈依三宝，无非是借助他力，引导我们认识自我，肯定自我，进而依靠自我，实现自我，找回自己心中的"自性三宝"。

我们每个人都像是一座宝矿，皈依就是开采自己心内的宝矿；不皈依，就如同宝矿未经开采，黄金无法出土！所以佛陀临涅槃之际，曾教诫弟子："自依止，法依止，莫异依止。"这就是要我们皈依自性三宝的真义所在。

再如禅宗讲"不作佛求，不作法求，不作僧求"，这是怕我们心外求法，不能直下承担。因此真正的皈依，就是要皈依自性三宝。

有一个信徒问禅师说："我们要皈依自性三宝，什么叫做自性三皈依呢？"

禅师说："要等到石龟说话的时候，我才告诉你。"

信徒自认也是禅宗的行家，就说："石龟说话了。"

禅师反问："石龟向你说了什么呢？"意思就是说，自性三皈依就是不可说，有说即非。

所以，皈依自性三宝，就是皈依自己了不得的一个无对待、无实相、实相无相的自性三宝，也就是无相三宝。

我们的自性三宝是亘古今而不变，历万劫而常新的，皈依三宝可以获得无上的功德。而三宝所以能称之为"宝"，是因为他具有六义：

1. **希有义**：世间宝物，贫穷者不能得到；三宝也是如此，没有善根因缘的众生，百千万劫无法值遇，故名为宝。

2. **离尘义**：世间宝物，本质上没有瑕秽；三宝也是如此，绝离一切有漏的无明、妄想、尘染，是最极明净的，故名为宝。

3. **势力义**：世间宝物，能除贫穷，医治病毒等大势力；三宝也是如此，具足不可思议的神通威力，故名为宝。

4. **庄严义**：世间宝物，可以庄严世间；三宝也是如此，具有无量的无漏功德，能庄严出世间，故名为宝。

5. **最胜义**：世间宝物，在一切物中最为殊胜；三宝也是如此，是出世间的无漏法，最为殊胜无上，故名为宝。

6. **不改义**：世间的真金，不论烧打磨炼等，本质仍旧不变；三宝也是如此，因为是无漏法，所以不为世间的称、讥、毁、誉、利、衰、苦、乐等八风所动，他恒常不动，故名为宝。

三宝的重要，佛如光、法如水、僧如田，都是众生得度的因缘，缺一不可。三宝又如冥冥黑夜里的灯烛、滔滔苦海内的舟航、焰焰火宅中的雨泽，皈依三宝，就像为自己的人生建设了一座电力公司，成立了一家自来水厂，开发了一亩肥沃良田。

"皈依"的真正意义，除了确定自己是正信的佛教徒以外，在日常生活中对他人要有喜舍布施，对世间要有感恩美德，对物质要有知足修养，对处事要有结缘认识，对生活要有勤俭习惯等的修行，借以树立佛教徒的良好形象。

尤其，皈依之后要以佛法来规范身心，坚固信仰，变化气质，把过去的贪心化为喜舍，把嗔恨化为慈悲，把懒惰懈怠化为精进勇猛，把消极悲观化为积极乐观，并进而求受在家五戒、八关斋戒等，来提升自己的信仰层次，并且种下趣向菩提的种子。

三、次论"五戒"

说过了"三皈"以后，再论"五戒"。

《梵网经》说："戒如明日月，亦如璎珞珠，微尘菩萨众，由是成正觉。"戒，是成就无上菩提佛果的根本，所谓"由戒生定，因定发慧"，这是三无漏学的基础。因此，一个佛教徒学佛的第一课要皈依三宝，之后必须更进一步的受持戒律。如果你不受戒，犯法一样有罪过；受了戒，即使犯戒，还可以忏悔，还是能够消灾灭罪。

现在就将"五戒"的内容，向各位说明：

第一，**不杀生**：生命是可贵的，所谓"上天有好生之德"，佛教重视自然死亡，不可以为了一己的口腹之欲，为了贪欲好吃而杀，也不可以怀着恨意嗔心而杀，更不能邪见地认为"弱肉强食"是应该的。现在人借口为了生态平衡而杀生，虽然说得好听，但杀生的因果循环，必然不爽。

杀生，有自杀、杀他、教唆他杀、别人杀时我心欢喜等，这些都同样有杀生的罪业。有时候我们虽然没有拿刀枪去杀，但是棍棒击打、语言伤害、阴谋致人于死，或是鞭笞令其受苦等，总之，凡是伤害别人的身心，令其痛苦，使他求生不能、求死不得的行为，这都是杀生。

不杀生的思想，固然与佛教"慈悲为本"，不忍伤害众生之命的精神相符，即使儒家也说："见其生，不忍见其死；闻其声，不忍食其肉，故君子远庖厨也！"可见有仁慈心的人，都尽量不接触到残忍的"杀业"。

佛教的杀生戒，有轻戒和重戒之分，轻戒叫做"突吉罗"，重戒叫做"波罗夷"。今天各位要受的"不杀生"戒，是波罗夷的重戒，这条戒的意义，就是说不可以杀人。你们一定不会杀人的，即使想要杀人，也没有那么容易，所以基本上这一条戒大家都能受持。

不过，在日常生活中，有时候杀害动物，不能说因为那不是杀人，就可以恣意而杀，即使杀害小动物，也是杀生，只是罪过比"波罗夷"轻了许多，这是犯了"突吉罗"的恶作，所以还是有机会可以忏悔、补救。

其实，受持不杀生戒的仁者，不但不能杀生，进一步还要救生、护生，要做合理的放生。如古德说："我肉众生肉，名殊体不殊，原同一种性，只为别形躯。苦痛由它受，甘肥任我须，莫叫阎王断，自揣应何如？"

佛教虽然不强制人人吃素，但要做到不轻易杀生，所谓"劝君莫打三春鸟，子在巢中望母归"，尤其不能侵略、伤害他人，这是受持不杀生戒的大家应该知道的内容。

第二，**不偷盗**：所谓"偷盗"，就是非法将别人的财物占为己有，也就是"不予而取"。人生每天的生活，离不开物质需求，所以要拥有财物。财物有公有的、私有的。公有的财物，如阳光、空气、海洋、公园、公路、公家机关、公共设施等，我们都可以自由取用；相对地，有主的财物就不能"不予而取"了。

不予而取，不管自取还是教他取，同样不当。现代的人，顺手牵羊、违法贪污、抵赖债物、吞没寄存、欺罔共财、因便侵占、借势苟得、经营非法、诈骗投机、赌博淫业、放高利贷等，都是佛教所不容许的非法所得。

在一般人的观念里，总以为不偷盗在五戒当中，应该是很容易受持的一条戒，因为自己并没有偷盗的性格和行为；

殊不知这条戒其实是最难受持的。例如，桌上的一杯茶，别人没有说要给你喝，你就自己拿来饮用；人家园中的一朵小花，你认为漂亮，就擅自把它摘下来插在头发上；办公室里的原子笔，顺手带回家里使用等等，这都叫做"不予而取"。

不过，真正的偷盗戒也并非真的那么严格，根据戒律规定，要盗取价值五钱（古印度摩揭陀国钱币单位）以上的东西，这样的偷盗行为才是犯了波罗夷的根本大戒。但也并不表示说，不到这个价值的东西就可以自取，否则也是犯了"突吉罗"，行为仍然是可受疵议。

第三，**不邪淫**：佛制戒律，佛教在家信徒正常的恋爱、正常的结婚，甚至正常的离婚后再婚，只要不违背法律，都是佛教所容许的感情生活。

只是现在的人，夫妻正常关系以外的邪淫，造成家庭的不幸、社会的混乱，真是罪莫大矣！犯了邪淫的当事人，自己以为"婚外情"不是那么严重，甚至还自找借口说：是对方爱我，是对方追求我的。即使果真是对方爱你，但是爱的方法很多，何必一定要找不适合的异性呢？

自古以来，犯下邪淫罪，造成家庭纠纷、子女受创、金钱损失、伦理有损、道德有亏，甚至误蹈法网等，尤其让对方的家庭饱受耻辱，邪淫所造成的严重后果，真是不可谓不重。像唐明皇因为宠爱杨贵妃，本是媳妇，纳为宠妃，不但乱伦，甚至造成安史之乱，几乎亡家亡国。唐明皇因宠爱杨贵妃的一个不当邪淫，让当代受到摧残、伤害的人民，何止百万人以上。

佛教讲人是"有情众生"，但是情爱要在合理的情形下，也就是戒律的范围内，才能保身，才能治家，才能有益于社会；假如人人都能不邪淫，不但自身行为健全，家庭伦理、社会道德都会因此提升。

第四，**不妄语**：妄语有恶口、两舌、绮语、说谎等。所谓妄语者，就是"见言不见，不见言见；是的说非，非的说是"，所以造谣生事、搬弄是非、毁谤别人的名誉，破坏别人的好事；这在自己只是一句话，但是却让别人因此受到极大的伤害。

当然，妄语也有许多层次上的不同，有恶意的栽赃，有随口不负责任的伤害，还有方便的说谎。除了恶意、方便的妄语之外，其他只要造成别人受伤害的话，都应该视为妄语。

口业在"十恶业"里占了四项，所以人的这张口平时造下的"突吉罗"罪业，也是在所难免。但是今天你们所要受持的是波罗夷的"大妄语"戒，也就是谎称自己开悟了，自己已经证果，自己有了神通。像一些自称为"仁波切"、自称为"活佛"的人，都是犯了大妄语戒，罪过就更为严重了。

第五，**不吸毒**：这条戒过去是指"不饮酒"，但实际上应该是"不吸毒"，因为"毒"可包括"酒"，甚至毒品比酒的危害更为严重。过去西方国家，曾想利用毒品灭亡中国，因为人吸了毒，精神就会萎靡不振，就不肯工作，就不思上进，就会倾家荡产，甚至很多邪恶的罪事因此发生，所以"东亚病夫"的称号也就由此而来。

防止毒品泛滥，要从源头开始管制，不可以种植，不可以制造，不可以贩卖，不可以吸食；因为一个人只要稍微染上毒品，就会把自己的名声吃光，会把自己的金钱吃光，会把自己的人缘吃光，会把自己的家产吃尽，所以毒品绝对不能尝试。

烟酒也是一样，现代进步的国家，公共场所，像饭店、音乐厅、图书馆，乃至飞机上，都会禁止吸烟。另外，饮酒误国，饮酒误事，因为酒醉驾车而造成车祸的憾事，不知凡几。所以现代人士，纵使不能与酒完全脱离关系，至少也要做到不敬酒、不劝酒、不醉酒、不酗酒，并且将此列为人生重要的守则。

当然，也有人会质疑，喝一点酒，又不杀人，又不偷盗，哪有那么严重的罪过呢？殊不知饮酒之害，其大无比。话说有一个人想要"喝酒"，但是没有下酒菜。见隔壁邻居养了一只老母鸡，咕咕咕地叫着，他就"盗"来"杀"了当下酒菜，于是一下子接连犯了"杀生"与"偷盗"戒。女主人回来问起，他

"谎"称没有看见鸡，犯了"妄语"戒。此时仗着几分醉意，见邻妇貌美就调戏非礼她，因而又犯了"邪淫"戒。

因为"喝酒"而把"五戒"一举全犯，如此焉能说喝酒之罪不重呢？

五戒是佛教的根本大戒，受持五戒不仅是入道的正因，也是净化心灵的良药。五戒的殊胜处在于，他是做人的根本道德，是伦理的基本德目，是了脱生死的正因，一切戒法都是由五戒的"不侵犯"之精神衍生出来的。例如，由五戒再扩而充之，有十善戒，即，不杀生、不偷盗、不邪淫，不妄语、不恶口、不绮语、不两舌，不贪欲、不嗔恚、不邪见（不愚痴）。

一般佛教徒都懂得"布施"修行，这是以身外之物来利人，只要稍有施舍心的人都可以做到；受持五戒，遵行十善法，则是以止恶行善的戒行来达到自心之清净，进而带给他人和平、尊重，让大家互相关照，享受最大的自由，此不侵犯他人之功德，比布施还要来得更大。

由于受持戒法的功德比布施更加可贵，所以佛陀常赞叹五戒为"五大施"。违犯五戒不但是佛教所禁止，国家法律也不允许；如果人人都能做到严持五戒，自能缔造一个祥和欢喜的国家社会。

四、综论三皈五戒

以上分别介绍了"皈依三宝"和"受持五戒"的要点以后，现在再将三皈五戒的人间意义，综论如下：

三皈五戒，在佛教里是入佛之门的第一、二课，但实际上也是佛教与现代民主自由思想的古今遥相呼应。

佛教的"皈依三宝"，主张大地众生皆有佛性，人人是佛；就等于现代的政治，人人都可以当总统，总统是全民普选出来的，这就表示"民主"。佛教的"受持五戒"，"戒"的精神是"自由"，因为受了戒的人不会侵犯别人，只要管好自己，也不会违犯国法，自然不会受到法律的制裁、约束，也就可以逍遥自在地自由生活。所以，当初佛陀的"三皈五戒"，和今日的"自由民主"思想，实在是遥相呼应的。

我们受持五戒，人人不侵犯他人，彼此都能获得自由；人人皈依三宝，彼此都是同等地位，不分种族、国家、宗教，"人人皆有佛性"，这是多么平等的民主。

佛教不但适应时代，而且超乎时代。世界经过了几千年才慢慢进步到现代的自由民主时代，但在二千五百多年前，佛陀所提倡的"三皈五戒"，早已表达出自由民主的精神了。

说到佛教的"三皈"，皈依佛，佛要我们皈依他做什么呢？所以真正的皈依三宝，实际上就是皈依自己、认识自己、发现自己，原来我们在世间像是行尸走肉一般，并不认识自己"生从何处来，死往何处去"。

所谓"佛在世时我沉沦，佛灭度后我出生；忏悔此身多业障，不见如来金色身"。今天我们皈依三宝之后，一旦发现自己原来"我是佛"，我与佛一样地有智慧、慈悲，一样有无限的潜能；我也和佛陀一样，有真如、自性，我借着皈依三宝的信仰，而能提升到与佛同在、与佛同等，那不是无比美妙的事吗？

受持五戒，五戒分开来讲有五条，但其实从根本上来看，只有一条戒，也就是"尊重自由故，不侵犯他人"。不杀生，是不侵他人的生命；不偷盗，是不侵犯他人的财产；不邪淫，是不侵犯他人的身体；不妄语，是不侵犯他人的名誉；不吸毒，是不侵犯自他的健康。多么伟大的佛陀，因为人人受戒，我的生命、我的财产、我的身体、我的名誉、我的拥有，就不会有人来侵犯了，这是多么美妙的事啊！

皈依三宝的好处，是因为"皈依佛，不堕地狱；皈依法，不堕畜生；皈依僧，不堕饿鬼"。皈依三宝就可以恶道除名，人天有份，所以皈依三宝很可贵。

皈依佛：点亮心灵的灯光，所谓"千年暗室，一灯即明"；皈依法：启开活水源头，源头既已打开，生命之水自然会源源而来；皈依僧：僧宝福田，给我们耕耘，只要有田有地，总能成长我的因缘善果。

所以，皈依三宝一定要认清楚：皈依佛性，佛是有历史可考，有父母生养，有修行证悟，有能力救苦的。皈依法性，法是有永恒的真理，有普遍的功用，有必然的理则，有平等的特性的。皈依僧性，僧是和合的意思，做人能与和平、和谐、和好、和悦等四和相应，所有一切众生就能"同体共生"了。

今天各位在此皈依了三宝，皈依以后要将初发心的一点信心，如同守护禾苗一样，好好维护，皈依后，每天至少要诵一卷《般若心经》，持之以恒，必能开智慧。而受持五戒，戒是人生的道路，有了五戒，就能安全、平顺。

三皈五戒是净化社会的原动力，我们不只是消极地受持五戒，更要积极地做到：不但不杀生，而且要护生；不但不偷盗，而且要喜舍；不但不邪淫，而且要尊重；不但不妄语，而且要实语；不但不吸毒，而且要正行。因为戒的意义，除了有消极止恶的七众别戒声闻戒以外，还有积极行善的菩萨三聚净戒，也就是摄律仪戒、摄善法戒、饶益有情戒。戒不是只有消极的防非止恶，也有积极的为善和道德勇气。

　　三皈五戒就是实行自由民主的最高精神，皈依三宝就是尊重自己、肯定自己的佛性；受持五戒则是尊重别人、不侵犯别人的善行。皈依三宝是民主，受持五戒是自由；皈依三宝就是皈依自己的希望，奉行五戒就能圆满人生的希望。

　　谢谢大家。

（原刊于《人间佛教论文集》）

论佛教民主自由平等的真义

——诠释三皈、五戒及生权的内容

一、皈依三宝是民主的精神

二、受持五戒是自由的真义

三、众生生权是平等的主张

　　现代是一个倡道民主、自由、平等的时代。实在说，佛教的皈依三宝，就是皈依人人和佛陀共有的佛性，这就是民主的精神；受持五戒，就是对人尊重，不任意侵犯，这就是自由的意义；众生生权的提倡，是因为诸佛与众生一如，一切众生都能成佛，这就是平等的主张。

　　早在二千五百年前，佛陀就已经对现代的民主、自由、平等之精神，向全宇宙发出宣言了。现在申其义如下：

一、皈依三宝是民主的精神

　　所谓"皈依三宝"，就是皈依佛、皈依法、皈依僧。佛、法、僧称为三宝，就如世间上的金银财宝，可以解决人间经济民生的需要；佛、法、僧称为三宝，表示他是精神上的财富和宝物，有了佛、法、僧，生命才能提升，心性才能解脱。

　　为什么皈依三宝是民主的体现呢？因为佛说："众生皆有佛性，人人皆可成佛！"佛性人人平等，每一个众生都是未来的诸佛，所有的诸佛都是当初的众生。自己的本性里面就已具足自性三宝：人人都有佛性，人人都有法性，人人都有僧性；佛、法、僧三宝是一体的，如《般若经》卷二十六说：

"佛宝、法宝、僧宝，与诸法等无异。世尊，是佛宝、法宝、僧宝即是平等，是法皆不合不散。"

皈依三宝就是皈依自己的自性佛、自性法、自性僧。所谓"没有天生的释迦，没有自然的弥勒"，有为者亦若是，直下承担"我是佛""我是法""我是僧"，这就是民主。

三宝有最初三宝、常住三宝、自性三宝等种种的层次。最初的三宝是：成道的释迦牟尼佛为佛宝，佛陀所宣说的四圣谛、十二因缘称为法宝，佛陀所度的五比丘、千二百五十位大阿罗汉称为僧宝。

从最初三宝进而有常住三宝，因此有佛像、经书，出家的比丘、比丘尼，这就成为现世的"常住三宝"。

皈依三宝的真正意义，是从最初三宝、常住三宝而皈依自性三宝，这才是真正皈依三宝的意义。

佛陀既然说人人皆有佛性，可见皈依佛、法、僧三宝就是皈依自己。吾人与佛同具真如实性，所以"心佛众生，无二无别"。佛陀把众生提升到与他平等，这还不够民主吗？

世界上所有的宗教，都把教主定为主宰者，都认为是神圣不可侵犯，而佛陀没有以成佛为大，也没有以众生为低。他认为自己是已觉悟的众生，众生是未觉悟的诸佛；自性本心，同一无二，所以皈依佛就是皈依自己的本性。

皈依法，法是真理。真理能普及宇宙万物，真理也即是吾人的真心，它融入大化之中，无始无终。无始无终的法性虽有呈现，在呈现中而能长存永恒，所谓"若诸如来出现，若诸如来不出，诸法法尔如是住"。(《大毗卢遮那经》卷二)"法尔如是"，这就是永恒不灭的生命。因此，众生和佛陀一样，可以证悟自己的真如自性。此一真如自性，又称为法身，此即吾人不死的生命。凡所有流传在世间的"觉者的思想""觉者的精神""觉者的文句名身"，就是经书。所以，藏经都是佛法，道场都是佛法，善知识都是佛法，这一切都是人人通达解脱目标的正道，是为法宝。

所谓"僧宝"，亦即是代表清净、和谐、安乐的教团，他必须要能做人天的模范，能做众生和圣者之间的桥梁。他们一师一道，同一见解，同一思想，遵守共同的法制，享有均衡的生活日用，他们是能代替佛陀解决众生苦难的指导者，是谓僧宝。

此一三宝的组合，才能成立佛教的教团。伟大的佛陀遗留在人间的此一民主的教团，充分表现了佛陀的民主思想与理念。但此一教团不一定要把它看成是外在的结构，吾人内心都具有此佛、法、僧的真义，都具备和此一教团吻合的精神。例如在家的人士，连杀生为业的屠夫，都能"放下屠刀，立地成佛"，因为此一成佛的佛性，不是从外而有，也不是立刻新生，它是本来具备，所谓"即心即佛，即佛即心"。

　　有人问禅师："谁是佛?"禅师说："我不敢告诉你,恐你不信!"问者曰："禅师开示,我岂敢不信?"禅师说："实在告诉你吧!你就是佛呀!"

　　问者自觉自己是凡夫,怎能立刻成佛?禅师曰："你有'我'的缘故!"问者曰："我有我故,不能成佛,禅师!那你就是佛了?"禅师说："有你有我,更加不见!"(见《惟宽禅师语录》)

　　所以,人人虽有佛性,但因妄想执着,如同明镜蒙尘,光仍存在,只是尘蔽,不见光生。正如二千五百多年前,佛陀在夜睹明星,证悟正觉的那一刹那说道:"奇哉!奇哉!大地众生皆有如来智慧德相,只因妄想执着,不能证得。"在我们的自性当中,已经圆满具足了三宝的无量功德:

　　　　人人皆有佛性,就是佛宝;

　　　　人人都有平等无差别的法性,就是法宝;

　　　　人人都有喜好清净和乐的心性,是为僧宝。

　　因此,皈依三宝无非是借助佛力,引导我们认识自我,肯定自我,进而依靠自我,实现自我,找回自己心中的自性三宝。我们每个人都像是一座宝藏,皈依就是开采自己心内的宝藏;不皈依,就如同宝藏未经开采,黄金无法出土!所

以佛陀临涅槃之际，曾教诫弟子："自依止，法依止，莫异依止。"(《大智度论》卷二)

由于佛性人人本具，所以皈依三宝，其实就是"皈依自性佛，皈依自性法，皈依自性众生"。乃至"心佛众生，三无差别"。"众生是未觉悟的佛，佛是已觉悟的众生。"这些都是民主的诠释。

此外，佛陀说"我是众中的一个"；常不轻菩萨的"我不敢轻视汝等，汝等皆当作佛"(见《法华经》卷六)，乃至过去诸佛、现在诸佛、未来诸佛，三世诸佛，佛佛平等，佛佛道同，这就是民主。

佛陀所证悟的真理"缘起性空"，所谓"诸法因缘生，诸法因缘灭"(《佛说初分说经》卷二)。说明宇宙世间一切都是依因缘法则而运行。人有生老病死的因缘，世界有成住坏空的法则，因缘聚则生，因缘散则灭，生生灭灭，让自然界有花开花谢、宇宙间有生住异灭、人世里有贫富贵贱等"无常"变化。这不是神明创造，也不是威权左右，甚至佛教的"因果业报"讲"种如是因，得如是果"，无论达官贵人或贩夫走卒，无一不是在"善有善报，恶有恶报"的因果定律下循环。可以说，人的祸福穷通，都是自己的行为所造作，没有人可以左右，也没有人可以代受，这就是以民为主的真理。

佛教的"众缘所成""同体共生"，甚至"公有共管""集体创作"都是民主的原则。佛教的四依止：依法不依人、依智不依识、依义不依语、依了义不依不了义，这就是民主法制的思想；佛教的六和敬：身和同住、口和无诤、意和同悦、戒和同修、见和同解、利和同均，也就是僧团在身口意之见解、思想、言行上所展现的和谐无诤，也都蕴含着民主的思想。

《瑜伽集要焰口施食仪》卷一说："初地菩萨勇识者，百福庄严，一切行愿皆圆满，顿超十地，证入一生补处位吉祥，三乘速证究竟成正觉。"顿超法门，人人有份，这就是民主；立地成佛，个个都能，这也是民主。

甚至在佛教里，不但佛陀提倡民主、自由、平等；禅宗呵佛骂祖，要人找回顶天立地的自我，不要臣服于神权，更把民主的思想提高到极点。

鸠摩罗什与磐达特，大乘小乘互为师，这是民主观念的呈现；文殊菩萨曾向八岁的妙慧童女顶礼，这正是"吾爱吾师，吾尤爱真理"，更是民主思想的典范。

太虚大师的"人成即佛成"，黄檗禅师的"不作佛求，不作法求，不作僧求"；乃至慧忠国师称呼侍者"佛祖"，侍者说"我不是佛！"慧忠国师责备他不敢直下承担。从这些禅门公案，都足以说明，佛教主张"心佛众生，三无差别"（见《般若心经释要》），这就是典型的民主。

丛林生活中，出坡作务，不分资历深浅，人人一律平等，充分发挥了民主的精神；丛林制度里，清众可以选为住持，例如樵夫出身的六祖大师，他也能成为一代祖师，这就表示一种民主。

因此，佛教丛林"传位传贤"，也跟唐尧虞舜的"禅让天下"，乃至孙中山先生的"天下为公"一样，都是民主。

此外，佛教的僧团，凡事要召开会议，经大众"三番羯磨"通过，始能公诸实施，这就是民主政治的先驱。

佛陀认为一个国家政治结构的建立原则，首要条件是"数相集会，讲议正事"（《长阿含经》卷三）。佛陀留给众生一个最可贵的僧团制度，主要是因为在僧团里，凡事都是由多人会议决定，不会独断独行，这就是民主的精神。

佛陀时代的会议形式有布萨、羯磨、灭诤、说法等四类。其中，羯磨是使生善灭恶的作法，行于授戒、说戒、忏悔、结界及各种僧事的处理。当受戒时，正授由羯磨和尚开导受持戒法的意义，并行三番羯磨，一一问以"尽形寿能持否"，受戒者答"依教奉行"，始为证盟受戒。

佛教僧团通过羯磨法，发挥了高度的民主精神，它以大众的意见和力量，圆满解决僧团里的各种事情，成就大众过六和敬的生活。

佛教的羯磨法与现代的会议法相仿，分为三类：

（一）**单白羯磨**：意思是"唱言"，这是对于不必征求同意的事，向大众宣告常行、惯行、应行的事，唱说一遍即成。此法有如现代会议中的例行工作报告。

（二）**白二羯磨**：这是宣告一遍，再说一遍，征求大家的同意。如同一般会议，凡是提案皆须交由大会讨论、接纳、决议，才能生效。

（三）**白四羯磨**：这是作一遍宣告后，再作三读，每读一遍，即作一次征求同意，若一白三羯磨后，大众默然，便表示无异议，而宣布羯磨如法，一致通过议案。

比之现代议会程序，佛教会议法的精神显得更为庄重、神圣，更为民主。

现代会议中的提案，通常只要过半数投赞成票，即算通过，很少有要求一致通过的。但是在羯磨法中，通常要求一致赞同通过，僧团中若有人执持歧见，便是羯磨不成；不过，羯磨法中有灭诤羯磨，是以投票方式取多数表决的。

所谓灭诤，就是为了解决僧团中的争议事件，佛陀在戒律中制定七灭诤法，以公正、平和的原则，处理大小诤事。

七灭诤法不但保障个人的权益，且情、理、法兼顾，同时也使僧团得到清净与和乐。佛陀制定戒律，依法摄僧，同时把执行教团制度的权力交由大众，亦即所谓"僧事僧决"，充分流露出民主、法治的精神。

在英国的政治名著《印度的遗产》一书中，对佛教的此一民主会议法，有相当详细的论述，因此塞德兰侯爵（Marguess of Zeiland）说："我们今天国会制度的基阶，竟可从两千多年前印度佛教徒的会议中见到，真是令人惊奇不已。"所以，若说现代民主国家的会议制度，是从佛教的思想中继承来的，实在不为过。

此外，佛陀入灭后，僧团遵循佛陀所制定的会议法，配合时代演进的需求，渐渐发展出许多不同类别的会议。例如，僧团不仅对内召开会议，达成共识，甚或与信众一同集会，举行四众弟子皆得参与的会议。

乃至佛陀入灭后，佛弟子为了让正法久住，先后多次结集佛陀的教法。

第一次是在佛陀入灭后的第一年夏天（约西元前485年），以大迦叶为上座，阿难诵经，优婆离诵律，在七叶窟中举行第一次结集，因为有五百大阿罗汉参加，称为"五百结集"。之后陆续又有"毗舍离结集"（或称"七百结集"）、"大众部结集"（又称"窟外结集"），以及在摩揭陀国华氏城举行的"第三次结集"，直至佛陀入灭后四百多年所作的"第四次结集"等，每次结集，莫不是取决于大众的意见，这些都是佛教民主思想的体现。

其实，在上古人类的历史中，根据《大楼炭经》和《众许摩诃帝经》等诸多经典记载，他们"身相端严，诸根无缺，妙色广大，自有身光恒常照曜，长寿喜乐，腾空自在……亦无男女众生之相"（《众许摩诃帝经》卷一）。他们"以好喜作食，各自有光明神足，其寿久长……时天下人，甚端正姝好，不别男女，亦不可别君长庶民人，但共众俱往还"（《大楼炭经》）。因为他们以法喜为食，以没有男女尊卑的平等为乐，因此可以说是再民主、自由、平等不过了。但后来由于世界起了变化，他们之间有了美丑、骄慢、比较、计较、相互斗争，再后有了男女之别、夫妇关系，继而形成家族、乡党、集团，终致造成世界扰攘不停。可见世间上，举凡一切纷争对立，莫不由于"我执"而起，因此也唯有人人真正做到佛教的"无我"，人人能够相互尊重，世间才有民主、自由，也才有和平可言。

二、受持五戒是自由的真义

为什么受持五戒是自由呢？佛教讲"持戒"，戒不是束缚，戒是一切善法的根本，也是世间一切道德行为的总归。戒的根本精神，就是防非止恶，对人不侵犯。所谓不侵犯，就是不能为了自己的自由而妨碍他人的自由，所以，不侵犯才是真正的自由。

五戒虽然分别为五，但是根本精神只有一个原则，就是"不侵犯"。不侵犯而尊重别人，便能自由。

《大宝积经》卷八十二载："所谓五戒：不杀一切诸众生等，不恼一切……彼应不盗，自财知足，于他财物不生希望……离彼邪淫，不以染心视他女色……应离妄语，如说如作不诳于他……应离酒，不醉不乱。"因此，五戒中：不杀生，就是对别人的生命不侵犯；不偷盗，就是对别人的财产不侵犯；不邪淫，就是对别人的名节不侵犯；不妄语，就是对别人的信誉不侵犯；不饮酒，就是对自己的理智不伤害，从而不去侵犯别人。

五戒也不只是消极的不杀生、不偷盗、不邪淫、不妄语、不吸毒；五戒另有积极面的解释，就是不杀生而护生，不偷盗而喜舍，不邪淫而尊重，不妄语而诚实，不吸毒而正行。唯有如此积极的诠译，才更充分发挥佛教扩大自由，成全大众的积极精神。

一般人总以为受戒是增加束缚，因此有人说：何必受戒，自找束缚！其实，持戒是自由，犯戒才是束缚。因为并非学佛受戒的人才要持戒，持戒就如国民守法一样，不持戒就会触犯刑法。你看，凡是身陷牢狱、失去自由的人，探究其原因，都是触犯了五戒，譬如：杀人、伤害、毁容、迫害，是犯了杀生戒；贪污、侵占、窃盗、勒索、抢劫、绑票，是犯了偷盗戒；强暴、拐骗、重婚、妨碍风化，是犯了邪淫戒；毁谤、背信、伪证、恐吓、造谣、仿冒，是犯了妄语戒；贩毒、吸毒、运毒、醉酒等，是犯了吸毒戒。

由于犯了五戒，于是身系囹圄，失去自由，所以持戒不但是守法，而且不会失去自由。若能受持五戒，真实认识五戒，不因犯戒而受国法制裁，才能享有真正的自由。因此，戒的真义是自由，而非束缚，意义不言可明。

受持五戒是人道的根本，过去一般人常依《梵网经》的戒条，如"手过酒器与人饮酒者，五百世无手"来解释戒律。过分的恐吓，反而没有说服力，只有使得有心学佛的人望而却步。其实佛教的戒律都是信者自愿受持，实在不必给予太过强调的指责。受持五戒是做人的根本，唯有把五戒持好，才算完成人格。

此说佛教的五戒，与儒家的五常有相通之处。五常就是仁、义、礼、智、信，若以五戒配五常，即，不杀生曰仁，不偷盗曰义，不邪淫曰礼，不妄语曰信，不吸毒曰智。一个人受持五戒，会有无尽的利益。例如，如果我们不杀生而保护众生，自然能获得健康长寿；不偷盗而布施喜舍，自然就能发财而享受富贵；不邪淫而尊重他人的名节，自然家庭和谐美满；不妄语而赞叹他人，自然能获得善名美誉；不吸毒饮酒而远离毒品的诱惑，自然身体健康，智慧清明。

佛教的信仰，舍弃了受持五戒而向诸佛菩萨祈求所愿，无因怎么会有果呢？过去对受持五戒，因为过多的限制而没有从积极面来诠释；其实佛教的五戒，在"不可"以外，它一定还会告诉吾人什么是可以的。所以现在讲五戒，应该要从积极面来发展，例如一般信众莫不希求长寿、发财、名誉、家庭美满、子孙满堂等等，但是不播种，怎么能有收成呢？所以不必空自妄想，只要你受持五戒，就能所求如愿。因此，受持五戒，从消极上来看，好像是束缚；若从积极面来看，实在是有无限的利益。

庐山慧远大师说："百家之乡，十人持五戒，则十人淳谨；千室之邑，百人修十善，则百人和睦；传此风教，以周寰区，编户一千，则仁人百万。夫能修一善，则去一恶；一恶既去，则息一刑；一刑息于己，则万刑息于国，此所谓坐致太平者是也。"（见《三皈五戒正范》）

所以，受持五戒，小至个人可以免除苦恼、恐怖，可以获得身心的自由、平安、和谐、快乐；大至国家社会，如果人人都能受持佛教的五戒，那么我们的国家必定是一个淳朴谦让、重德祥和的净土。

受持五戒就是体现自由的精神。美国独立时，帕特里克·亨利在讲演时，曾说"不自由，毋宁死"。但是自由不是自己任意妄为的自由，自由是有自他关系的和谐；受持五戒不仅于己有利，而且能够利益他人，所以受持五戒，才是自由的积极意义。

此外，佛教终极的目标，既是追求身心的解脱自在，自在就是自由，解脱就是自由，无烦恼束缚就是自由。每一个人都希望脱离一切束缚，做自己的主人，因此集权专制的政治是佛教所呵斥的，佛教认为民主国家的实现，道德挂帅政治的完成，才是国家政治的最终目的。

佛陀认为一个国家不可扩张武力去侵略他国，但是为了维护本国人民自由、平等、快乐、幸福，必要的力量是应该保有的。佛陀心目中的理想政治是转轮圣王的仁王之治，是人人自由的政治。

所谓转轮圣王的政治，就是一种民主平等的政治，根据《长阿含经》中的《转轮圣王修行经》记载，轮王的政治是不以刀杖，而是以法教令的，也就是行五戒十善的德化政治。

五戒十善的德化政治之内涵到底是怎么样的情形呢？有一次轮王的太子问道：“父王！轮王的政法如何？应该怎样去推行呢？”

轮王回答说：“应当依于法来立法，恭敬尊重观察于法，以法为首，守护正法，以法来教诫宫廷中的人，如王子、大臣、群僚、百官，以法爱护人民百姓，乃至禽兽等。”

轮王又说："身为国王应该礼贤下士，尤其对于有道之士，应多亲近请教，因为他们知道什么是善，什么是恶；什么是犯，什么不犯；又何者可亲，何者不可亲；何者可行，何者不可行；施行什么法可使人民生活安和乐利等道理。"

法，就是自由、尊重的意义，所以佛经中到处都鼓励吾人要"依法不依人"，依人有好恶，依法才平等。

佛教所说的这种政治道德，因为是以法治化，所以没有怨敌，布施持戒，泛爱人物，善摄眷属，人民殷盛，富乐丰实，聚落村邑，鸡犬相闻，举国人民更相敬爱，种种众伎，共相娱乐，呈现一个太平盛世的气象。

政治因时因势变化不定，本身欠缺恒久理想的持续性。佛教本身则具有教化的功能，例如梁启超先生说："佛教之因果，使上智下愚皆不能不信。"如果人人都能树立正确的因果观念，我们的社会就不再是尔虞我诈、巧取豪夺的社会；如果人人都能怀抱佛教的慈悲精神，人人受持五戒，这个社会就能减少暴戾杀伐之气。进而认识佛教的"业力论"，知道世间上的善恶好坏，都是由我们自己的业力造作所决定，没有神明能为我们安排。这种业力自由的理论，也才符合自由的真义。

一般的宗教，都是由神权统理世间；一般的政治，都是由领袖来统治国家。唯有佛教，不尚神权，也不重视君权，唯重视人人自主的民权和自由。

所谓"民权"，也不是妄自行使的，因为每一个人身、口、意的业力，善善恶恶，都有业报。此即说明，世间上每一个人的行为，都会决定自己未来的前途。当一个人失去自由，这一定是自己的自业所招感而来；反之，获得自由，也是自己的行为所成就。所以佛教的业力论，已经把世间的自由精神，发挥到极致。吾人要想获得真正的自由，对持戒的内容，对持戒的意义，对业力决定命运的原理，不能不给予肯定。

三、众生生权是平等的主张

人类从民智未开，对自然界神秘力量崇拜的神权时代，演进到对帝王绝对服从的君权时代；及至发展到现今民主社会的民权时代，大家不只提倡自由，也重视民权，强调人的生命有无比尊严，举凡生存权、参政权、平等权、自由权、财产权、文化权等，均应受到保障。

佛教更从"民权"进一步提倡"生权"，主张一切众生皆有佛性，一切众生皆有生存的权利，不容许轻易受到伤害。所以关怀众生，救度众生，为天下众生服务，是佛教徒维护生权的表现。

所谓"众生",《金刚经》说："若卵生、若胎生、若湿生、若化生、若有色、若无色、若有想、若无想、若非有想非无想。"此皆名为众生。

所谓广度众生，并非众生饥饿，就给予饭食；众生寒冷，就施以衣服。这种枝末的救度，并未能根本解决众生的问题。例如，众生的生死、众生的烦恼、众生的安全，乃至众生的生权如何获得保障等，才是重要的。所以必须要本着"众生平等"的原则，确实维护众生基本的生存权利，并且要救度众生离苦得乐，获得解脱自在。如《金刚经》说："所有一切众生之类，我皆令入无余涅槃而灭度之。"这也是佛教对生权的基本主张。

所谓"生权"，就是对一切众生生存权利的维护。世间上的生物，都要靠饮食来维持生命，即使是树木花草、山河大地，也需要阳光、空气、水土作为营养，才能存在。

世间上，有的众生是肉食者，有的众生是草食者。狮虎熊豹属于肉食动物，牛羊马象属于草食动物，人则介于肉食与草食之间。

近年来，随着佛教普及，素食渐渐成为现代人的生活习惯。在印度，铁路餐厅皆以素食为主；在美国，有的乡镇之超级市场，不准荤食进入。这些国家不是以宗教的立场，而是站在人道、健康的观点倡导素食，这也是对生权的维护。尤其现在牛羊猪犬的"口蹄疫"病毒传染，对人类生命造成极大的威胁，所以重视生权、维护生权，此时更能见得出其重要性。

在中国，从古以来就有慈悲护生的思想，儒家所谓："见其生，不忍见其死；闻其声，不忍食其肉，是以君子远庖厨也。"佛教为了悯护众生，倡导不断大悲种，包含了素食的精神意义。但佛教的流传，以人为本，因应各地风俗，对饮食并没有强烈的要求。不过，对于生权的维护，凡是智者，也不能不给予重视，否则人类如果不懂得保护生态，不懂得爱护地球，一旦遭到大自然的反扑，人类的灾难，将不知伊于胡底。

说到"生命"，人存在于世，固然可以说有生命，我们所生存的这个自然界里，鸟叫虫鸣、飞瀑流泉、万紫千红、绿叶婆娑，触目所及都是欣欣向荣的景象，哪一处没有活泼的生命呢？所谓"溪声尽是广长舌，山色无非清净身"，如果我们用心领悟，宇宙中的森罗万象哪一样不是从自己的生命中自然流出？甚至日常生活中，一张纸、一支笔、一辆汽车、一栋房子，如果你不好好爱惜，减短了它的使用年限，也是杀生。这就是对生权没有给予尊重。

因此，若从广义而言，大自然中，即使一沙一石，一草一木，都是宇宙万有的力量所成，任意伤害，减少寿命，也是杀生的行为。因为一切生命都和自然息息相关，生命也都是自然的一部分，我们均应善加珍惜。可惜长久以来，自以为"万物之灵"的人类往往忘记其他生命的存在，为满足一时的私欲而滥杀无辜。《法句经》云："一切皆惧死，莫不畏杖痛，恕己可为譬，勿杀勿行杖；能常安群生，不加诸楚毒，现世不逢害，后世常安稳。"《金刚经》三轮体空的意涵说明：就算我度了无量无边的众生，因为众生和我一体，我也不应该执着自己是能度的人类，众生是我所度的众生。所以，保护生权，也就是保护自己，我们对于生权，应该有这样的尊重，才是平等的真义。

此外，滥伐森林，造成土石流；滥垦山坡地，造成地层坍塌，凡此都是不懂得尊重大自然，不懂得尊重生权。甚至电击鱼虾、滥捕野生动物，以及各种海鲜生吃、各种生命残杀等。其实，空中的飞鸟、水中的游鱼，以及山林里的动物，都和人类共生在地球上，人类不能自恃聪明地去残杀它们、消灭它们。

如果我们对山川溪流、森林大地，乃至一切含识生灵，不加保护，反而恣意妄为，任意伤害，有一天，当生态环境被破坏殆尽，当人类尝到山崩地陷、洪水倒流，乃至沙尘暴、臭氧层破洞所带来的苦果时，所谓"因果报应"，就会知道后果实在是非常的可怕。

所以，说到生权，佛教里睒子菩萨怕踩痛大地而不敢重步走路，怕污染大地而不敢任意丢弃一张纸屑；匾担山和尚恐伤及草木，而拣橡栗为食；阿弥陀佛所建设的极乐净土，水鸟说法，无男女恶道等烦恼，都是对生态环保的重视。

最早提倡生权，最早重视环保的人，就是佛陀。然而因为佛陀对生权维护的呼吁，至今还不能令世人觉悟，所以社会上到处充塞着杀戮、乖戾之气。所谓"欲知世上刀兵劫，但听屠门夜半声"，因为世人不懂得尊重生命，不懂得维护生权，实在不能不说是吾人最大的悲哀呀！

佛教说"无缘大慈，同体大悲"，更是佛教尊重众生，重视生权的最佳诠释。同体即平等，平等才能和平。在佛教的经典中，有关"平等"的教义、思想，比比皆是。例如《华严经》说："一切众生平等。"《大智度论》说："凡夫与佛平等，无二无别。"《大般若经》说："上从诸佛，下至傍生，平等无所分别。"《金刚经》说："是法平等，无有高下。"现代的人倡导和平，因为没有平等，所以真正的和平不容易到来。

平等是倡导和平的不二法门，因为有平等，才有和平，所以平等与和平是一体两面的真理。所谓"众生平等"，上自诸佛菩萨，下至有情含识，都有生命的尊严，都有生存的权利。因为提倡生权，让宇宙间的生命同体共生，才有真正的平等；因为有平等，才有民主；因为有民主，才有自由。如果没有平等，也没有民主自由可言，所以佛法讲"心、佛、众生，三无差别"；"民主、自由、平等，也是三无差别"呀！

上列民主、自由、平等，不但有关佛学、哲学的理论，而且是有关世界、政治、国家、人民、种族的内容。兹将民主、自由、平等在这许多关系上的说法，就以政治为例，将之与佛教的论点，做一个对比：

（一）政治是管理服务人民，维护社会的安全；佛教是教化开导众生，建设社会的力量。

（二）政治是降魔战斗，保卫国家；佛教是护生救苦，拥护国家。

（三）政治是重视财经成长，以升平安定为目标；佛教是重视戒律因果，以身心安住为希望。

（四）政治从外做起，要求人民修身守法；佛教从内做起，要求人民修心守道。

（五）政治是怒目金刚，要人人安分守法；佛教是菩萨低眉，要人人自律观照。

（六）政治的大同世界，是理想希望；佛教的极乐净土，是如愿往生。

（七）政治是希望人人能够民治、民有、民享地生活；佛教是要求人人能够救世、救人、救己的慈悲。

（八）政治要求奉行三纲五常、四维八德，以家齐国治；佛教要求实践皈依三宝、受持五戒，以生权平等。

（九）政治是以民主自由平等为目标；佛教是以民主自由平等为实义。

梁启超先生曾说，他之所以信仰佛教，因为佛教的道理有六点让他心仪之处：

（一）佛教之信仰，乃智信而非迷信；

（二）佛教之信仰，乃兼善而非独善；

（三）佛教之信仰，乃应世而非出世；

（四）佛教之信仰，乃无量而非有限；

（五）佛教之信仰，乃平等而非差别；

（六）佛教之信仰，乃自力而非他力。（见梁启超《饮冰室合集》）

我们赞赏梁启超先生的见解，甚至我们更要进一步地说：

（一）佛教之信仰，皈依三宝，即心即佛，乃民主而无阶级。

（二）佛教之信仰，受持五戒，解脱自在，乃自由而无束缚。

（三）佛教之信仰，尊重生权，命理同人，乃平等而无差别。

多年前，我也曾讲过三皈、五戒和生权的问题。我认为皈依三宝：皈依佛，可以点亮心光，如同建筑了一座发电厂；皈依法，可以开拓自己内心的泉源，好像为自己建设了一座自来水厂；皈依僧，好像开发了一亩田地，可以种植五谷，建设居家，过美满的生活。所以，皈依三宝不是别人得到利益，一切受益，还是自己。

关于受持五戒，其实就只有一条"不侵犯戒"，因为自由的真义，是维护自己的自由，更不妨碍他人的自由。所以我一再强调，五戒分开来讲有五条，其实从根本上来看，只有一条，即，不侵犯而尊重有情众生。违犯五戒，不仅是佛教所禁止，也是国家法律所不允许；如果人人都能严持五戒，则能缔造一个祥和欢喜、富强安乐的国家社会。

关于平等，佛教一直都在倡导平等，有平等，才有和平；有平等，才有民主。民主素养的养成，先要从平等上建立，所以我觉得现在世界各国，乃至种族之间，要想获得和平，先要倡导平等。甚至现在海峡两岸，如果彼此没有了达平等的真义，便很难获致和平。

因此，民主、自由、平等，主要就是要泯除吾人的差别、执着、侵犯、加害等。如果大家本着"同体共生"，互相尊重、互相包容，哪里不会有和平呢？

总之，民主是时代的潮流所趋，自由是每个人本有的权利，平等则是人类应有的认知。所以，希望未来举世人类都能有此共识，大家同心协力，共同来创造一个民主、自由、平等的人间佛光世界。

　　本文因《普门学报》主编满果法师邀稿之时，我人正在澳洲养病期间，由于手边参考资料有限，对于佛教许多有关民主、自由、平等的思想、意蕴，未能深入引证论述，仅凭记忆，略抒所见，深感遗憾。不过仍希望此论点的提出，能引起大家更加地发扬佛教民主、自由、平等的真义，尤其希望佛教的学者，对于佛教民主、自由、平等的思想，再予以广泛的继续发挥，以期有助于世界和平的促进，是所至盼。

2001 年 4 月 2 日于澳洲

（原刊 2001 年 5 月《普门学报》第 3 期）

从四圣谛到四弘誓愿

——论大小乘佛教融和的开展

前　言

佛陀证悟的宇宙真理是"苦、集、灭、道"，由苦、集、灭、道而展开广大无边的佛法。然而这只是佛陀就真理的本体而设定的义理层次，经过了世间的实践，就发展成为"四弘誓愿"：

所谓苦谛，因为众生多苦，所以发愿"众生无边誓愿度"；

所谓集谛，因为苦由业集，所以发愿"烦恼无尽誓愿断"；

所谓道谛，为令众生向道，所以发愿"法门无量誓愿学"；

所谓灭谛，为使众生证果，所以发愿"佛道无上誓愿成"。

佛陀当初在菩提树下静思冥想，发现了宇宙人生世间和出世间真理的次第——苦集灭道，而对世间广为宣说。所谓最初的"三转法轮"，第一次为"示相转"，是将四圣谛的内容定义加以解说，内容为：

此是苦，逼迫性；此是集，招感性；

此是灭，可证性；此是道，可修性。

第二次为"劝修转"，是劝道弟子修持四圣谛的法门，以断除烦恼，获得解脱。内容为：

此是苦，汝应知；此是集，汝应断；

此是灭，汝应证；此是道，汝应修。

第三次为"作证转"，是佛陀告诉弟子，自己已经证悟四圣谛，勉励弟子们只要勇猛精进，必能一样证悟四圣谛。内容为：

此是苦，我已知；此是集，我已断；

此是灭，我已证；此是道，我已修。

苦、集二谛是迷界的世间因果，集是因，苦为果；灭、道二谛是悟界的出世间因果，道是因，灭为果。

苦集灭道"四圣谛"用来讲说，这是每一个佛弟子都可以朗朗上口，但是若要实践此一佛法的真理，就必须通过"四弘誓愿"的"愿门"实践，而能到达广大菩萨道的六度万行之"行门"。因此，大乘佛教的四弘誓愿，可以说主要就是替佛陀把过去所说的四圣谛义理佛法，落实在实践、修行上，这就是佛教在时空发展中，渐次圆满。

从"四圣谛"的佛教义理，进而到行动的、实证的"四弘誓愿"，说明佛陀说法有其时代性与连贯性，甚至还有发展性，它可以在系统中贯穿起来，所以佛法才超越历史时空。甚至现在有佛教徒研修、规划为大乘佛法、小乘佛法，彼此也是相互贯通，是一而不二的，这正是本文所以提出的主旨所在。

一、四圣谛在佛法里的重要性

四圣谛是一切佛法的纲要，佛陀最初在菩提树下证悟的内容，是宇宙缘起的真理，只是缘起法则深奥难解，佛陀恐怕骤然宣说，将使尚未起信的众生望而生畏，所以在初转法轮时，佛陀再三以"四圣谛"来说明众生生死流转及解脱之道的缘起道理，进而激发众生厌苦修道的决心，目的就是要使众生"知苦、断集、修道、证灭"。

四圣谛不但是佛陀初转法轮时所说，佛陀在临涅槃时，又对诸弟子说："汝等若于苦等四谛，有所疑者，可疾问之，无得怀疑而不求决也。"当时佛陀连说三次，众皆无疑，也无问者，唯有阿那律知晓佛陀的心意，又将佛陀的语言重说一次："日可令冷，月可令热；佛说四谛，不可令异。"（《佛遗教经》）

从佛陀一再强调四圣谛的事实来看，可见在佛陀的一代时教中，对四圣谛的阐扬是自始至终的，以及此中真理的不可变异。尤其，在初转法轮中，佛陀更三度演说四圣谛的妙义，称为"三转十二相"（如前言所述）。四圣谛的重要，由此可见。

　　四圣谛的内容一如治病的过程：苦，如人患病；集，生病的原因；道，如治病的药方；灭，如病已痊愈(《瑜伽师地论》)。吾人学佛，正是为了断除贪、嗔、痴等种种烦恼，而趣向涅槃的境界，所以四圣谛是从迷的世间，到悟的世界；是从苦集的束缚而趋向灭道的解脱之路。正如《中论疏》说："四谛是迷悟之本，迷之则六道纷然，悟之则有三乘贤圣。"

　　四圣谛说明了宇宙人生的关系：人生居住的宇宙称为世间，世间是由"苦集"所构成；如果要超脱苦集，通往出世间的法界，则要"灭道"互通。

　　四圣谛与十二缘起、三法印构成了佛教教义的三大纲领，名称虽然不同，意义却是相通的：十二缘起的主要内容是三法印的思想基础，而四圣谛则是缘起思想的具体形态，三者都是初期佛陀的根本思想，以后的经论，莫不由此开展出来。因此，我们将四圣谛、十二缘起、三法印，称为佛教的根本佛法。

　　在诸经论中，佛陀一直非常强调四谛的重要性，例如：

　　　　今说有八难，佛法之要行；一难犹尚剧，如板浮大海。虽当离一难，然可有此理；设离一四谛，永离于正道。(《增壹阿含经卷第三十·八难品第四十二之四一五》)

　　尔时，佛告诸比丘：如人掷杖于虚空中，寻即还堕，或根着地，或腹着地，或头着地。如是沙门、婆罗门于此苦圣谛不如实知，苦集圣谛、苦灭圣谛、苦灭道迹圣谛不如实知，当知是沙门、婆罗门或堕地狱，或堕畜生，或堕饿鬼。是故比丘，于四圣谛未无间等者，当勤方便，学无间等。(《杂阿含经》卷十六)

　　佛告比丘：其诸众生于苦圣谛如实知者，苦集圣谛、苦灭圣谛、苦灭道迹圣谛如实知者，如我手中所执土石；其诸众生于苦圣谛不如实知，于苦集圣谛、苦灭圣谛、苦灭道迹圣谛不如实知者，如彼雪山土石，其数无量。是故比丘，于四圣谛未无间等者，当勤方便，起增上欲，学无间等。(《杂阿含经》卷十六)

　　此外，佛陀在波罗奈鹿野苑中，说明世间如果没有四谛法，则如日隐月没，将是一片黑暗；有了四谛，世间就有了光明。(《杂阿含经》卷十五)

　　佛陀亦曾告诸比丘，对四谛义不如实知者，则容易受外境的影响，做不得自己的主人；正如小绵丸随风飘摇，去向无方，所以对于四谛要如实知解行证。(《杂阿含经》卷十五)

在《菩萨璎珞经》中，佛陀则把四圣谛的重要喻为火炬，它能够破除十二缘起中的根本无明；常念一切法无常，就可以去除烦恼的束缚了。

甚至，佛陀在《四分律卷三十二·受戒揵度》中说："若我不修此四圣谛，三转十二行，如实而不知者，我今不成无上正真道。"佛陀因了悟四圣谛法而成就佛道，所以佛陀告诉弟子："我于四圣谛三转十二行，如实而知，我今成无上正真道。"（《四分律卷三十二·受戒揵度》）"此义饶益、法饶益、梵行饶益、正智、正觉、正向涅槃。"（《杂阿含经》卷十六）可见若无四圣谛，则无三宝应世。

综上所述，可见四圣谛在整个佛陀一代时教中，它占有最高、最胜的地位。正如《中阿含卷三十·舍梨子相应品象迹喻经》说："无量善法，彼一切法皆四圣谛所摄，来入四圣谛中；谓四圣谛于一切法，最为第一。"因为四圣谛是整个佛教的综合，它的特点，有以下四点：

（一）**四圣谛是佛教的真理**　世间和出世间的一切佛法，都需要从真理展开。例如：人生是苦，这是实相；即使人生也有快乐，但快乐也有"无常"之苦，这是必然的道理。生命有业集的烦恼，即使天上人间、成圣成贤，都必有业感缘起，这也是真理。因为世间一切都离不开因缘果报；因缘果报的真理更把人生的关系解释得透彻无比。这些真理都是不共世间的宗教，而是佛教所独有的。

苦集虽说是世间的因果，但是这也并不可怕，因为有出世间的道谛和灭谛，可以让苦集消灭，例如以八正道修行，便能够灭除苦集，而到达理想的、圆满的涅槃世界。

因此，四圣谛也可以说是佛教真理的原则，因为世间的道理，可以说都是"公说公有理、婆说婆有理"，但佛教的真理是需要有理则的。真理的原则就是要有普遍性、必然性、平等性、恒常性，例如佛教讲一切行无常；无常便具备有普遍性、必然性、平等性、恒常性的条件。其他诸如空性、缘起、业力、因果等根本教理，都同样合乎这许多理则。尤其四圣谛更是具备这许多的理则，尽管世间变迁、人事兴亡，四圣谛是不可更异的；四圣谛是放诸四海而皆准的真理，所有的经论道理，必不出这四圣谛的范围。

（二）**四圣谛是佛教的圣典**　佛教的圣典很多，藏经有所谓阿含部、法华部、本缘部、经集部、瑜伽部、大集部、论集部、宝积部、中观部、律部、般若部等，不管千经万论，都是以四圣谛为依归。

四圣谛虽属原始佛教的根本法义，后来佛教发展成为戒定慧的三学，进而经律论的三藏，都是从四圣谛开展而来，因此，可以说，没有四圣谛，就没有所谓的佛法圣典。如《中论》说：

若一切世间皆空无所有者，即应无生无灭；以无生无灭故，则无四圣谛。

何以故？从集谛生苦谛，集谛是因，苦谛是果；灭苦集谛名为灭谛，能至灭谛名为道谛，道谛是因，灭谛是果。如是四谛有因有果，若无生无灭，则无四谛。四谛无故，则无见苦、断集、证灭、修道……又四圣谛无故，法宝亦无。（《中论卷四·观四谛品第二十四》）

因此，佛教圣典的内容虽有三法印、十二因缘、空性缘起、平等中道等众家学说、诸派义理，但总说四圣谛不但是圣典中的圣典，而且是最早的圣典，一切法因四圣谛而有，若无四圣谛，则一切法不成。

（三）**四圣谛是佛教的纲目**　儒家有所谓"四维八德、三纲五常"；"苦集灭道"就是佛教的纲目。今天在全世界所流传中国大乘八宗的佛教，泰国、斯里兰卡、缅甸的部派佛教，乃至藏传的各种佛教，都不能不依四圣谛作为纲目；因为三藏十二部演绎出来的佛法经义，都是用四圣谛作为这许多法义的纲目，因此只要你懂得四圣谛，只要你讲说四圣谛，只要你修行四圣谛，你就可以说是懂得佛法了。讲到佛法，光是佛法概论就有数十种之多，但是哪一种佛法概论能离开四圣谛呢？现代佛教的初学者，都应该从四圣谛开始研究，因为掌握了四圣谛，也就知道佛法的根本了，接着再学习以后的枝枝叶叶，当然也就不为难了。

佛陀在很多的法会中，重复又重复地宣说四谛法，说明四圣谛对人生的关系，至为重要。甚至有一次佛陀的脚趾为木刺所伤，阿暗世王等大惊，于是佛陀就说四圣谛的真理，以慰大众的悲伤之情。

（四）**四圣谛是佛教的标志**　现在的学校、社团，都有标志，甚至国家有国旗，基督教也有十字架；佛教的标志就是法轮，法轮就是从四圣谛"三转法轮"而来。

佛教从印度发源、传播，虽然遍布世界各地；随着各地的风俗习惯、语言文化不同，又展开各种适合当地的佛教。但是，尽管各地对法义的解释或许有所不同，甚至对佛陀的认知也有相异，然而对于以法轮、四圣谛作为佛教的标志，全世界佛教徒应无异议。

现在的世界佛教徒友谊会，以五色旗作为教旗，意谓五乘共法；即使是五乘共法，也是以四谛做为基本的中心佛法。

有人说，佛教没有总部，太过自由、纷歧，经常有满瓶不动半瓶摇的佛子，各说各话，违背圣意，失去了佛教本身的面目；佛教如果要想统合，今后应该再对四谛"三转法轮"，借此统一世界的佛教，希望有识之士，朝此目标努力。

二、佛陀对四圣谛的解释说喻

　　如上所述，四谛是佛陀成道之后，于鹿野苑为五比丘初转法轮所说，为南北传的佛教、汉藏传的佛教所共遵的基本教义，彼此共同认为这是世间、出世间的唯一解脱之道。后世诸佛弟子虽认为四圣谛为声闻、缘觉之法，意思就是贬四圣谛为小乘法，其实大乘经典中亦多有四谛之论，如《胜鬘经》《大般涅槃经》等，不仅附有大乘之解释，并对四谛之深义更有所发挥。

　　四圣谛即指苦、集、灭、道四种正确无误的真理。在《增壹阿含经卷十六·四谛品第二十五》中，佛陀告诉弟子：

　　　所谓苦谛者：生苦、老苦、病苦、死苦、忧悲恼苦、怨憎会苦、恩爱别离苦、所欲不得苦。取要言之，五盛阴苦，是谓名为苦谛。……所谓习谛者：爱与欲相应，心恒染著，是谓名为苦习谛。……所谓尽谛者，欲爱永尽无余，不复更造，是谓名为苦尽谛。……所谓苦出要谛者，谓贤圣八品道，所谓

正见、正治、正语、正行、正命、正方便、正念、

正三昧，是谓名为苦出要谛。

四谛的"谛"，就是真理；包含有审察、真实不虚的意思。此四者皆真实不虚，故称四谛、四真谛；又此四者为圣者所知见，故又称四圣谛。

四圣谛大体上乃佛教用以解释宇宙现象的归纳。其中，"苦"与"集"表示迷妄世界之果与因，而"灭"与"道"表示证悟世界之果与因；即世间有漏之果为苦谛，世间有漏之因为集谛，出世无漏之果为灭谛，出世无漏之因为道谛。

若依因果的顺序来说，四圣谛应该是集、苦、道、灭，何以佛陀要先说果，后说因？这是因为众生的根性，"果"易明而"因"难晓，为了方便化导，因此佛陀不得不先明示苦相，令众生生起厌离之心，再示业因，使之断集；继而示以涅槃乐相，令其欣慕，然后再说修道之法，令其行持。

四谛之义，综合《阿含经》《大毗婆沙论》《大乘阿毗达磨杂集论》等诸经论所说，就是：

（一）苦谛

苦，泛指逼迫身心苦恼的状态。苦谛即在说明生死轮转的实相是苦的真谛，说明人生实相本来是苦的道理。

根据经典的说法，苦有二苦、三苦、四苦、八苦、八万

四千乃至无量无数的苦；若依现代人的生活体验，用现代人的语言来说，苦大致可分为：我与人的关系不调和(譬如爱别离苦、怨憎会苦)、我与身的关系不调和(譬如老、病、死苦)、我与心的关系不调和(譬如贪嗔愚痴苦)、我与物的关系不调和(譬如居住的空间窄小、不能称心如意、所求不得等苦)、我与事的关系不调和(譬如失业、落榜)、我与社会的关系不调和(譬如治安不好、经济萧条)、我与自然的关系不调和(譬如气候寒热不适苦)、我与境界的关系不调和(譬如称、讥、毁、誉、利、衰、苦、乐)等，正是所谓"天长地久有时尽，人间之苦无尽期"。

不管世间充满多少苦，其实佛教之所以讲苦，目的是为了让我们知道苦的实相，进一步去寻找灭苦的方法。因此，了解苦的存在，只是一个过程；如何离苦得乐，获得解脱，才是佛教讲苦的最终目的。

(二)集谛

集，积聚、招感的意思；集谛就是指形成痛苦的原因。根据《成唯识论》卷八说："生死相续，由惑业苦。"众生由于无明、贪爱、嗔恚等烦恼的驱使(惑)，而积集种种恶业(业)，然后依照种种业报而招致种种苦果(苦)。

如此一来，惑(烦恼)、业(行为)、苦(苦果)辗转相因，循环不息，就形成有情无量劫以来的生死轮回。因此，烦恼能招感业力，引发未来的生死果报，具有"发业润生"的功用。

由于烦恼是迷惑自性的魔障，它能障蔽、遮盖众生的真如佛性，所以又称"障""盖"；它盘缠在众生心中，像是重重绞绕的绳索，所以又称"结""缠"；它系缚众生的身心，令不得自在，所以又称"系""缚"；它像污垢，因能污染众生的心性，所以也叫做"垢"；它如洪水，能使善品流失，所以又称"瀑流"；它驱使众生流转于生死之中，所以又称"使"；它能牵制众生，令不得出离生死，故又称"轭"；众生的烦恼交络繁茂，有如茂密的森林，所以又称"稠林"；众生因为烦恼，常由眼等六根门头漏泄过患，所以又称"漏"；潜在的烦恼随逐众生，眠伏在深层的意识里，以极微细的活动状态，在不知不觉中扰乱众生身心，所以又称"随眠"；烦恼又如尘埃，能染污吾人之心性，所以又称"尘劳"；烦恼本非心性固有之物，乃因迷理而起，所以又称"客尘"。

此外，烦恼又有火焰、毒箭、虎狼、险坑等譬喻。吾人如果想从烦恼痛苦的深渊中解脱出来，首先要灭除集苦的原因，不再造作新的苦业；所谓"随缘消旧业，切莫造新殃"，如此则快乐的人生也就离我们不远了。因此，彻底了解造成痛苦的原因——集谛，这是追求幸福不可忽视的要务。

（三）灭谛

灭，即寂灭，是指灭尽贪、嗔、痴等无明烦恼，而显现出清净的真如体性，也就是"涅槃"的异名。《大乘义章》卷十八说："梵语涅槃，华言无为。"《华严纲要》卷五十二说："涅槃正名为灭。"涅槃是修道者在知苦断集后，由修道所证得的解脱境界。它是灭除了烦恼、痛苦、人我、是非、差别、障碍等种种的痴迷，而获得的一种境我一如、超越生死、自由自在、光明幸福的圆满境界。具体而言，涅槃的境界是：

1. **无生的境界**：涅槃已没有生死、变异，是个不生不灭的境界。固然不生有漏杂染的烦恼，也不起无漏清净的涅槃想，是个染净俱捐、境我皆泯、无生法忍的绝对世界。

2. **无住的境界**：涅槃之后无处不在，在清净心里，在法性之中，在真如佛性内，在万里虚空里。证得涅槃之后，这个法身如如不动，住在荡荡涅槃城。

所谓涅槃城就是"无边风月眼中眼，不尽乾坤灯外灯；柳暗花明千万户，敲门处处有人应"的气象。

3. **无我的境界**：真正的涅槃，是打破我执，到达无我的大自在，再从无我中建立真我；所谓"无情之情是真情，无我之我是真我"，因此涅槃后的我才是真正的我。

4. **无得的境界**：涅槃的境界是我们心灵上永恒的乐土，里面充满法乐，有完全的平静，有至高的妙乐，有永恒的幸福，有福慧的完成，有究竟的解脱，有永恒的自我，有真实的世界；因为这一切都是从"无得而得""无有而无"。

涅槃的芬芳至乐，是人人可以证得、时时可以体悟的。涅槃是止灭一切痛苦聚集的究极理想境地，吾人若能审查断除苦的根本——欲爱，则得苦灭；一旦苦灭集断，自可入于涅槃之境界。

（四）道谛

道，是通达的意思，能通至涅槃，故名为道。道谛就是指从痛苦的此岸到达涅槃的彼岸所必经的道路，也就是证得涅槃的正道，一般指佛陀初转法轮时所开示的八正道。

八正道就是：

1. **正见**：正当的见解——正见因缘果报、正见善恶业力、正见无常苦空、正见空有不二。

2. **正思**：正当的思想——观身不净、观受是苦、观心无常、观法无我。

3. **正语**：正当的语——真实的语言、慈悲的语言、赞叹的语言、利行的语言。

4. **正业**：正当的行为——不乱杀生、不乱偷盗、不乱邪淫、不乱吸毒。

5. **正命**：正当的生活——合理的经济生活、利人的道德生活、和谐的社会生活、净化的感情生活。

6. **正勤**：正当的努力——未生善令生起、已生善令增长、未生恶令不生、已生恶令断除。

7. **正念**：正当的意念——对三宝不坏信仰、对缘起不执非他、对因果不生谬见、对生死不起迷惑。

8. **正定**：正当的禅定——五停心观的禅定、六妙法门的禅定、三业调和的禅定、九住心定的禅定。

总之，苦谛，是以智慧观察出这个世界是充满痛苦的火宅；集谛，是以智慧彻悟烦恼与造业是形成生死痛苦的原因；灭谛，是通过智慧，证得真如自性，究竟解脱生死的涅槃；道谛，是达到究竟涅槃的方法。

关于四圣谛的解释，真是百家齐鸣、万众宣说。佛陀在《华严经》中更把四圣谛分为各种世界的四圣谛，如娑婆世界、密训世界、最胜世界等，举出四圣谛的同义异名，今略举如下：

1. 在娑婆世界中

苦圣谛又名罪、逼迫、变异、攀缘、聚、刺、依根、虚诳、痈疮处、愚夫行。

集圣谛又名系缚、灭坏、爱著义、妄觉念、趣入、决定、网、戏论、随行、颠倒根。

灭圣谛又名无净、离尘、寂静、无相、无没、无自性、无障碍、灭、体真实、住自性。

道圣谛又名一乘、趣寂、导引、究竟无分别、平等、舍担、无所趣、随圣意、仙人行、十藏。

2. **在密训世界中**

苦圣谛又名营求根、不出离、系缚本、作所不应作、普斗诤、分析悉无力、作所依、极苦、躁动。

集圣谛又名顺生死、染著、烧然、流转、败坏根、续诸有、恶行、爱著、病源、分数。

灭圣谛又名第一义、出离、可赞叹、安隐、善入处、调伏、无罪、离贪、决定。

道圣谛又名猛将、上行、超出、有方便、平等眼、离边、了悟、摄取、最胜眼、观方。

3. **在最胜世界中**

苦圣谛又名恐怖、分段、可厌恶、须承事、变异、招引怨、能欺夺、难共事、妄分别、有势力。

集圣谛又名败坏、痴根、大怨、利刃、灭味、仇对、非己物、恶导引、增黑暗、坏善利。

灭圣谛又名大义、饶益、义中义、无量、所应见、离分别、最上调伏、常平等、可同住、无为。

道圣谛又名能烧然、最上品、决定、无能破、深方便、出离、不下劣、通达、解脱性、能度脱。

4. **在离垢世界中**

苦圣谛又名悔恨、资待、辗转、住城、一味、非法、居宅、妄著处、虚妄见、无有数。

集圣谛又名无实物、但有语、非洁白、生地、执取、鄙贱、增长、重担、能生、粗犷。

灭圣谛又名无等等、普除尽、离垢、最胜根、无资待、灭惑、最上、毕竟、破印。

道圣谛又名坚固物、方便分、解脱本、本性实、不可毁、最清净、诸有边、净分别。

5. 在丰溢世界中

苦圣谛又名爱染处、险害根、积集成、差别根、增长、生灭、障碍、刀剑本。

集圣谛又名可恶、无尽、不可爱、粗鄙物、爱着、器、动。

灭圣谛又名相续断、开显、无文字、无所修、无所见、无所作、寂灭、已烧尽、舍重担、已除坏。

道圣谛又名寂灭行、出离行、勤修证、安隐去、无量寿、善了知、究竟道、难修习、至彼岸。

6. 在摄取世界中

苦圣谛又名能劫夺、非善友、多恐怖、种种戏论、地狱性、非实义、贪欲担、深重根、随心转、根本空。

集圣谛又名贪著、恶成辨、过恶、速疾、能执取、想、有果、无可说、无可取、流转。

灭圣谛又名不退转、离言说、无相状、可欣乐、坚固、上妙、离痴、灭尽、远恶、出离。

道圣谛又名离言、无净、教道、善回向、大善巧、差别方便、如虚空、寂静行、能了义。

7. 在饶益世界中

苦圣谛又名重担、不坚、如贼、老死、爱所成、流转、疲劳、恶相状、生长、利刃。

集圣谛又名败坏、浑浊、退失、无力、丧失、乖违、不和合、所作、取、意欲。

灭圣谛又名出狱、真实、离难、覆护、离恶、随顺、根本、舍因、无为、无相续。

道圣谛又名达无所有、一切印、三昧藏、得光明、不退法、能尽有、广大路、能调伏、有安隐、不流转根。

8. 在鲜少世界中

苦圣谛又名险乐欲、系缚处、邪行、随受、无惭耻、贪欲根、常破坏、炬火性、多忧恼。

集圣谛又名广地、能趣、远慧、留难、恐怖、放逸、摄取、著处、宅主、连缚。

灭圣谛又名充满、不死、无我、无自性、分别尽、安乐住、无限量、断流转、绝行处、不二。

道圣谛又名大光明、演说海、拣择义、和合法、离取著、断相续、广大路、平等因、净方便、最胜见。

9. 在欢喜世界中

苦圣谛又名流转、出生、染著、重担、差别、恶舍宅、苦恼性。

集圣谛又名地、方便、非时、非实法、无底、摄取、离戒、烦恼法、狭劣见、垢聚。

灭圣谛又名破依止、不放逸、真实、平等、善净、无病、无曲、无相、自在、无生。

道圣谛又名入胜界、断集、超等类、广大性、分别尽、神力道、众方便、正念行、常寂路、摄解脱。

10. 在关钥世界中

苦圣谛又名败坏相、如坏器、我所成、诸趣身、数流转、众恶门、性苦、可弃舍、无味。

集圣谛又名行、愤毒、和合、受支、我心、杂毒、虚称、乖违、热恼、惊骇。

灭圣谛又名无积集、不可得、妙药、不可坏、无著、无量、广大、觉分、离染、无障碍。

道圣谛又名安隐行、离欲、究竟实、入义、性究竟、净现、摄念、趣解脱、救济、胜行。

11. 在振音世界中

苦圣谛又名世间、傲慢、染著性、驶流、不可乐、覆藏、速灭、难调。

集圣谛又名须制伏、心趣、能缚、随念起、共和合、分别、飘动。

灭圣谛又名无依处、不可取、转还、离净、善净、无尽、广博、无等价。

道圣谛又名能摧敌、了知印、能入性、难敌对、无限义、能入智、和合道、恒不动、殊胜义。(《大方广佛华严经·四圣谛品第八》)

佛陀说法，为了给听者容易接受，除了"三转"说法以外，又经常例举许多譬喻，例如《法华经》中的药草喻、穷子喻等，被视为是最优美的佛教文学；甚至在十二部经中，有一部即名为"譬喻"。

佛陀对四圣谛也有许多的譬喻，例如《大宝积经》中，佛陀将苦谛"喻如怨贼，如痈如箭，如狱闭系，如器坏败，是不自在，即是无我"。在《四谛论》中，更对四谛作了诸多的譬喻，例如：

1. 苦如病，集如病因，灭如无病，道如治病药。

2. 苦如火，集如薪，灭如火尽，道如火尽因。

3. 似怨名苦，结恨名集，除结恨名灭，能除因名道。

4. 似衣名苦，似尘名集，尘净名灭，净因名道。

5. 苦如债，集如贫，灭如离贫，道如财物。

6. 苦如烧热，集如烧热因，灭如清凉，道如凉具。

7. 苦如毒发，集谛如毒，灭如离毒，道如阿伽陀。

此外，佛陀看"世间凡夫，虽为取阴所害，犹起依著；如依怨家，谬为亲友。依所安爱名集，因此安爱，住三有狱，不求出离；譬如狂囚"。所以，佛陀不厌其烦地一再对四圣谛作种种的解释、譬喻，目的就是要吾等凡夫："苦应知，集应除，灭应得；为此三事故，修圣道。"（《四谛论》）

三、大乘佛教四弘誓愿的开展

佛法不只以苦集灭道来解释宇宙人生的现象，佛法最主要的是要解决宇宙人生的问题，所以光是说明苦集灭道的真理，这是不够的，必须还要有愿力、修行、实践，这正如四圣谛的内容——要断集、除苦；要修道、入灭，从而到达人生的解脱之境。因此，从四圣谛延伸而开展四弘誓愿、六度行门，就是提供了人生解脱的方便。

说到四弘誓愿，就是一个菩提心愿！因为菩萨发心，一切都是为了众生，一切都是为了契合真理，一切都是为了证悟圆满。所以，从四圣谛而到达四弘誓愿，这是很自然的程序、很自然的次第、很自然的目标，所以有四弘誓愿来补助四圣谛的真理，就显得更加的圆融、更加的切实了。

因为，当你知道苦，而没有发愿去度苦，又怎能称为修行，又怎能成为菩萨呢？因为当你知道集，而没有发愿去断集（烦恼）。又怎能入道呢？因为即使你有无量的法门，而没有修学，不要说不能成就无上佛道，即使是人间问题，你懵懂无知、不学无术，对正道不能契入，又怎能成就菩萨佛道的满愿呢？

所以，在原始佛教里，当通达苦集灭道“四圣谛”之后，应该继续承受“四弘誓愿”的启发、奉行、实践。

因为，当无边的众生在受苦，尤其在生死苦海里轮回、在生死苦海里沉没，我怎能不发愿度这些沉溺的众生登上彼岸呢？

因为，当我看清楚众生之所以受苦的原因，都是由于烦恼业集捆缚了自己的心灵，我又怎能不发愿去为众生解除桎梏、消除众生的业集烦恼，还给他们一个逍遥自在、离苦脱困的人生呢？

当然，要想断集离苦，不是容易的事情，不但自己要发心立愿，断集离苦，而且要靠他人的愿力，带领我们修道，带领我们离苦，带领我们断集，带领我们涅槃。

佛法有所谓易行道、难行道、五乘道、大乘佛道；所谓三十七道品：四念处、四正勤、四如意足、五根、五力、七

菩提分、八圣道分等，我怎能舍弃无上的法门，而不成就无
上的佛道呢？

所以，通达、了知四圣谛的真理之后，要学菩萨不舍一
法；更要用四圣谛的佛法基础，再实践四摄六度的行门，来
完成菩萨道的四弘誓愿。

诚如省庵大师说："入道要门，发心为首；修行急务，立
愿居先。愿立则众生可度，心发则佛道堪成。"(《劝发菩提心
文》)

《大智度论》也说："作福无愿，无所标立；愿为导御，
能有所成。譬如销金，随师而作，金无定也。"(卷七)同卷又
说："庄严佛国事大，独行功德难以成就，须借愿力方能达
成。如牛力虽能挽车，亦须御者方有所至。"由此可见，入道
之由，莫不行愿，因为"果"虽然是由"行"所招感，但是如果
没有"愿"力，即使是行，也无法到达所期望的目的。例如，
船在海中，没有方向；人在路上，没有目标，虽然向前行走，
如果没有行愿，何能有到达佛国净土的希望呢？所以发心立
愿是成就一切事业的重要助缘与动力。

根据经典记载，过去诸佛莫不由发愿而成。如：阿弥陀
佛发四十八大愿而成就净土(《无量寿经》卷上)、释迦牟尼佛
发五百大愿而成就佛道(《悲华经》卷七)、弥勒菩萨奉行十愿
而能当来下生(《弥勒菩萨所问本愿经》)、药师如来为灭除众

生病苦而发十二大愿，终于成就琉璃佛国(《药师如来本愿功德经》)等。乃至文殊菩萨十二大愿而成就般若智慧(《佛说文殊师利行经》)，普贤菩萨十大愿、愿愿归入华严愿海(《华严经》)，观音菩萨发十大愿而能苦海渡生(《法华经》)，地藏菩萨发愿"地狱不空，誓不成佛；众生度尽，方证菩提"(《地藏经》)等，可见每位菩萨都有无限的誓愿，才能完成他们的修行。

诸佛菩萨之愿，归纳起来，都离不开四弘誓愿。例如普贤十大愿：六者请转法轮、九者恒顺众生，就是"众生无边誓愿度"；四者忏悔业障，就是"烦恼无尽誓愿断"；五者随喜功德、八者常随佛学，就是"法门无量誓愿学"；一者礼敬诸佛、二者称赞如来、三者广修供养、七者请佛住世、十者普皆回向，就是"佛道无上誓愿成"。

四弘誓愿是一切菩萨的"总愿"，有关四弘誓愿的内容与解释，散见于诸经论，例如：

(一)根据《六祖坛经》之说，即：

1. 众生无边誓愿度，意谓菩萨誓愿救度一切众生。

2. 烦恼无尽誓愿断，意谓菩萨誓愿断除一切烦恼。

3. 法门无量誓愿学，意谓菩萨誓愿学知一切佛法。

4. 佛道无上誓愿成，意谓菩萨誓愿证得最高菩提。

(二)《道行般若经》所说的四弘誓愿，则有所不同："诸

未度者悉当度之，诸未脱者悉当脱之，诸恐怖者悉当安之，诸未般泥洹者悉皆当令般泥洹。"(《道行般若经卷八·守行品》)

(三)《法华经》中所举的四弘誓愿，与《道行般若经》大致相同，唯所用文字较为简单，其曰："未度者令度，未解者令解，未安者令安，未涅槃者令得涅槃。"(《法华经卷三·药草喻品》)虽然文简，而意义严谨，实有所一致也。

(四)《菩萨璎珞本业经》所说的四弘誓愿，正是把四圣谛的苦集灭道关联起来，经中说："所谓四弘誓愿，未度苦谛令度苦谛，未解集谛令解集谛，未安道谛令安道谛，未得涅槃令得涅槃。"(《璎珞经》卷上)由此可知，四弘誓愿是为了要让"苦集灭道"得到一股后加的力量，而能成就佛道。

(五)《陀罗尼杂集》中又有不同的说法，它说：

1. 心如大地，这是说菩萨的誓愿，心如大地，长养众生道芽善种。

2. 心如桥船，这是说菩萨的誓愿，心如桥船，运渡众生达于彼岸。

3. 心如大海，这是说菩萨的誓愿，心如大海，涵育众生，同得真源。

4. 身如虚空，这是说菩萨的誓愿，身如虚空，

包容万物，与诸众生平等无二，同证法性。(《陀罗尼杂集》卷三)

(六)《摩诃止观》和《六祖坛经》所说类似，亦以："众生无边誓愿度，烦恼无尽誓愿断，法门无量誓愿知，佛道无上誓愿成。"(《摩诃止观》卷十下)《六祖坛经》为"法门无量誓愿学"，《摩诃止观》为"法门无量誓愿知"，两者只有一字之差，可能只是诸师的用字不同而已。

(七)密宗的《受菩提心戒仪》里，说法又不同了："众生无边誓愿度，福智无边誓愿集，法门无边誓愿学，如来无边誓愿事，无上菩提誓愿成。"成为五句，又称五大愿。当初译者，心意不同，加出"如来无边誓愿事"，这又是有另一番的解释了。

(八)日本天台宗所诵持者："众生无边誓愿度，烦恼无尽誓愿断，法门无量誓愿知，无上菩提誓愿证。"日本的佛教传承自中国的大乘经典，他们遵守译经的规章，不另加己意，实属难能可贵。

《楞严经》说："因地不真，果招迂曲。"发心立愿要合于大、正、圆、真，也就是所发的愿，不受世间物欲、名位、权势所诱惑，甚至不管遭遇任何艰难困苦，即使攸关生死，也绝不忘失自己的誓愿，一心只为求证无上菩提，只为救渡众生出离生死洪流，如此发愿，才不会偏离正道。

根据《翻译名义集》说，学佛应发三种心：发大智心、发大悲心、发大愿心。这就如《成佛之道》说，行菩萨道应发三种心，即，般若心、大悲心、菩提心。

所谓发心，即依四弘誓愿，以菩提心为主，上求佛道，下化众生。因为：

（一）众生无边誓愿度　所谓"弘法是家务、利生为事业"，学佛的人，除非甘心做个小乘的自了汉，否则弘法度众就是我们责无旁贷的使命，因此，只要是大乘行者，都应该发起"众生无边誓愿度"的大心。

但是，发度生的愿心容易，讲大话、喊口号也容易，然而能够在佛前和众人之前，敢说我要度无边的众生，这就很难了。

再说，所谓"度众生"，并不是说看到众生挨饿，我就给他饭吃；看到众生患病，我就给他医疗。只有吃饭、医疗，不能增加智慧，不能了脱生死，这对众生没有大益，所以《金刚经》说："若卵生、若胎生、若湿生、若化生、若有色、若无色、若有想、若无想、若非有想非无想，我皆令入无余涅槃而灭度之，如是灭度无量无边众生，而实无一众生可度者。"这一种度生而不著相，发最胜心、最上心、无颠倒心、无量无边的发心，才是真正的"众生无边誓愿度"。

　　（二）**烦恼无尽誓愿断**　学佛，其实就是在与自己的烦恼魔军作战，能够战胜烦恼，自然能显发自己的真如自性，自能趣向佛道；反之，如果连自己的烦恼都无法断除，而在生死苦海中轮回不已，更遑论要广度众生了。所以学佛首先要健全自己，要誓断一切烦恼。

　　所谓"烦恼"，最大的中心主帅就是"我执"；主帅下有贪嗔痴，是各军的总司令，它所统领的中阶干部，曰"中烦恼"，下面的部卒，就是"随烦恼"，总计有八万四千。想想吾人也着实脆弱，只凭一己之力，面对八万四千的烦恼，若不以大愿力支持，稍有不慎，则全军覆没，永远沉沦，可不哀哉。

　　（三）**法门无量誓愿学**　学佛既然要发度众之心，首先自己要具备各种知识、能力。在古代印度佛教有所谓的"五明"，即，声明（语言学、声韵、训诂、音乐），工巧明（科技工艺的知识），医方明（卫生保健、医药的知识），因明（逻辑推理、论理学），内明（专心思索五乘因果妙理之学，或表明自家宗旨之学）。

　　以上五明，涵盖面虽广，然而在今天多元化的社会，似乎已不敷所需，这不过是在说明菩萨为度一切众生，当学一切法门。例如现在的科学、心理学、管理学、资讯学，在在都需要具备。

　　在《华严经》中，一直鼓励菩萨要广学多闻，光是今日人间的语言学、考古学，这就叫人心烦意乱，何况佛法里的经律论三藏、戒定慧三学、各宗各派、各种法门，要不舍一法。所以，今日的学道者，不可排斥他人，不可排斥他法，只要是正派的，都是身上的六根八识，又何必重此轻彼呢？

（四）**佛道无上誓愿成**   学佛最终目的是为了成佛，成佛虽然不容易，须经"三只修福慧，百劫修相好"，方能成就。但是今人一听到佛道遥远，须经三大阿僧只劫，即生退心。这种急功近利，不能有决心、毅力，勇往直前、义无反顾者，确实是不容易到达佛道的目标，所以在《法华经》中，佛陀不得不善巧方便地建设"化城"一座，以接引怯弱的众生，渐次成就佛道。(《化城喻品》)

其实，佛陀当初为了成道，不只是降诞、出家、修道，便能完成；他还必须要经过降魔的阶段。所谓外境有声色货利的魔魇，内心有贪嗔愚痴的鬼怪；在千生万死中，难免没有怯弱的时候。一旦心生退怯，就容易为魔魇鬼怪所击倒，所以成佛着实不易。然唯其不易，所以难成能成，如此才更加懂得佛道的宝贵。

四、从四谛义到四弘愿的实践

　　大乘的四弘誓愿，即是依苦、集、灭、道四圣谛而发起的深誓弘愿。智者大师曾在《摩诃止观》卷一说明：四圣谛的意义发展，就成为四弘誓愿。因为修习苦、集、灭、道四圣谛而发菩提心的大乘菩萨，就要实践菩萨道，就要以四弘誓愿来阐扬四圣谛的真义。

　　因此《璎珞经》说：

　　　　若有善男子善女人，受持讽诵四圣谛名者，便能与人作良佑福田。何以故？世尊，此善男子女人，兴建弘誓不自为身；欲于空际济度众生，皆得至无余泥洹界而般泥洹。（《成道品第十三》）

　　从这一段经文中，足可看出四圣谛中已有四弘誓愿的义蕴了。

　　此外，佛陀在《阿含经》中，常以广、无量、无上来形容，与“四弘誓愿”的说法不谋而合。例如：

　　佛陀开示法要时，说："我广为说法，示教利喜已！……汝当受持，广为人说。"（《长阿含经卷第三·游行经第二中》）"我法善说，发露广布，无有空缺。"（《中阿含经卷第五十四·阿梨吒经第九》）"诸有比丘、比丘尼修四神足，多广演其义。"（《增壹阿含经》卷第十八）"我等常所说法，所谓四谛，以无数方便而观察此法，分别其义，广与人演。"（《增壹阿含经》卷第十九）。

　　弟子闻法则说："我今闻已，得广知义。"（《中阿含双品大空经第十》）；修行则以"已生善法为久住不忘、不退、增长、广大修习具足故。"（《中阿含·例品例经第十一》）"如是悲、喜心与舍俱，无结无怨，无恚无诤，极广甚大，无量善修，遍满一切世间成就游。"（《中阿含·例品阿那律陀经第八》）"极广极大，不望其报，智者称誉，善具善趣，善受善持。"（《中阿含·晡利多品持斋经第一》）"若有信梵志、居士往至众园，广施作福，我等自手作福。"（《中阿含·后大品加楼乌陀夷经第一》）"若受衣被、饮食、床榻、汤药及若干种诸生活具者，彼所供给，得大福，得大果，得大功德，得大广报。"（《中阿含·双品马邑经第二》）"比丘但念自饶益及饶益他，饶益多人，悯伤世间，为天、为人求义及饶益，求安隐快乐。比丘！如是聪明比丘黠慧广慧。"（《中阿含·心品心经第一》）"比丘广学多闻，守持不忘，积聚博闻。"（《中阿含·梵志品瞿默目揵连经第四》）"当观等正觉，柔软金色身；不调者能调，广度海流人。"（《杂阿含经》卷第四十四）"诸上座所说偈、比丘尼所说偈、尸路偈、义品、牟尼偈、修多罗，悉皆广诵。"（《杂阿含经》卷第四十九）"故知一切众生所著、所集，决定解脱、广解脱、极广解脱。"（《杂阿含经》卷第四十八）"众生不自觉，如来之言教；常当普惠施，专向真人所。志性以清净，所获福倍多；等共分其福，后得大果报。所施今善哉！心向广福田。"（《增壹阿含经》卷第四）"复有四法，谓四思维：少思维、广思维、无量思维、无所有思维。"（《长阿含经》卷第八）"慈心广大，无二无量，无有结恨，遍满世间。"（《长阿含经》卷第八）等。

　　佛陀不但一再勉励弟子要"广大修习""广施作福"，乃至说到功德、慈心、愿力时，则说"无量功德海""获无量福""无量众善""修四无量""欢喜无量""慈心广大，无二无量""无量思维""忧恼无量""度人无量""无量无限""无量闻""无量智""安隐无量""无量心""使人悦无量""致问无量""无量寿""受乐无量""无量生""无量善修"等；以及以"无上法轮""无上正真觉""佛为无上尊""如来无上智""求成无上道""无上证""无上梵行""戒无上""恭敬无上""忆念无上""无上士""成无上道""无上菩提""无上清净"来形容佛法的尊贵等。从以上这些词意，均可看出《阿含经》中已隐然蕴含大乘的思想。

　　甚至，《增壹阿含经卷四十二·结禁品第四十六》说"如来有漏尽，成无漏心解脱、智慧解脱；生死已尽、梵行已立、所作已办，更不复受有。"以及《杂阿含经》卷五十说："诸漏已尽，所作已作，已舍重担，断诸有结，正智心善解脱。"

　　此中，"生死已尽"，就是"众生无边誓愿度"；

　　"重担已舍"，就是"烦恼无尽誓愿断"；

　　"梵行已立"，就是"法门无量誓愿学"；

　　"所作已办"，就是"佛道无上誓愿成"。

　　除此之外，在四阿含经中蕴藏四弘誓愿之思想的经文，俯拾即是，列举如下：

（一）众生无边誓愿度

　　"无量方便为彼说法，劝发渴仰，成就欢喜已……有惭有愧，有慈悲心，饶益一切，乃至昆虫；彼于嫉恚净除其心。"（《中阿含·业相应品伽蓝经第六》）

　　"不惑苦、集、灭、道……弃舍刀杖，有惭有愧，有慈悲心，饶益一切乃至昆虫……彼于非梵行净除其心。"（《中阿含·王相应品鞞婆陵耆经第六》）

　　"我今自饶益，亦饶益他，饶益多人，悯伤世间，为天、为人求义及饶益，求安隐快乐。"（《中阿含·王相应品鞞婆陵耆经第六》）

　　"信者能令入信，建立于信；立戒者以净戒；悭者以施；

恶智者以正智令入建立。"(《杂阿含经》卷二十六)

"如来长夜慈悯安慰一切众生,亦常叹说安慰一切众生。……师所说法,我悉受持,令我长夜以义饶益,安隐乐住。"(《杂阿含经》卷三十二)

"若优婆塞成就十六法者,是名优婆塞自安安他。……若优婆塞具足正信,建立他人;自持净戒,亦以净戒建立他人。"(《杂阿含经》卷三十三)

"如是真实教法显现,断生死流……当观自利、利他、自他俱利,精勤修学。"(《杂阿含经》卷十四)

"比丘成就十一法者,能自安乐,亦能安他。"(《杂阿含经》卷四十七)

"如来出现世时必当为五事。云何为五?"一者当转法轮,二者当度父母,三者无信之人立于信地,四者未发菩萨意使发菩萨心,五者当授将来佛决。若如来出现世时,当为此五事。"(《增壹阿含经》卷二十七)

"诸佛世尊常所施行慈念一切有形之类,今已施行,汝等常乐闲居树下,勤加精进,勿有懈怠。"(《增壹阿含经》卷三十)

"诸佛世尊成大慈悲,以大悲为力弘益众生。"(《增壹阿含经》卷三十一)

"一人不度,吾终不舍。"(《增壹阿含经》卷三十三)

"我亦由善知识成无上正真、等正觉；以成道果，度脱众生不可称计，皆悉免生、老、病、死。"(《增壹阿含经》卷四十)

"以四等之心，覆护一切，无量无限不可称计，身、口、意净。"(《增壹阿含经》卷四十)

"尔时，如来名称远布，如来、至真、等正觉、明行成为、善逝、世间解、无上士、道法御、天人师，号佛、众佑，度人无量，出现世间。"(《增壹阿含经》卷四十六)

"今尊者所说亦复如是，无数方便而说法教。我等今日自归如来法及比丘僧，唯愿尊者听为优婆塞，尽形寿不复杀生！"(《增壹阿含经》卷四十六)

"彼释迦文佛如来、至真、等正觉，愍念一切蜎飞蠢动，如母爱子，心无差别。……如来所说言教，必然不疑，愍念群生，所济无量。"(《增壹阿含经》卷四十七)

"如来多所饶益，多所安乐，以慈愍心利益天人，不见过去、未来、现在多所饶益，多所安乐，如佛者也。"(《长阿含经》卷五)

(二)烦恼无尽誓愿断

"多闻圣弟子离邪见，断邪见，行于正见而不颠倒……自知、自觉、自作证成就游；彼于邪见净除其心。"(《中阿含·业相应品伽蓝经第六》)

"尊师乐住远离,中、下弟子亦学舍离,中、下弟子以此可称。尊师若说可断法,中、下弟子便断彼法,中、下弟子以此可称。"(《中阿含·秽品求法经第二》)

"未净众生令净,已净者重令净。"(《杂阿含经》卷三十)

"无始生死,长夜轮转,不知苦之本际。是故,比丘!当如是学:断除诸有,莫令增长!"(《杂阿含经》卷三十八)

"若彼贪欲永尽,嗔恚永尽,愚痴永尽,一切烦恼永尽,是名阿罗汉果。"(《杂阿含经》卷四十一)

"此五盛阴永以灭尽,更不复生,故名灭尽。"(《增壹阿含经》卷二十六)

"尽有漏,成无漏心解脱、智慧解脱,于现法中以身作证而自游化,度魔境界至无为处。"(《增壹阿含经》卷三十九)

"诸恶之法念当舍之。如是,比丘!当作是学!"(《增壹阿含经》卷四十)

"有十念广分别修行,尽断欲爱、色爱、无色爱、**憍慢**、无明。"(《增壹阿含经》卷四十二)

"于现法中得尽有漏,亦令后世诸漏之病皆悉除尽。"(《增壹阿含经》卷四十二)

"当念舍离十恶之法,修行十善法。如是,比丘!当作是学!"(《增壹阿含经》卷四十三)

"云何七知法?谓七勤:勤于戒行、勤灭贪欲、勤破邪

见……"(《长阿含经》卷九)

"净修梵行，于现法中自身作证：生死已尽，所作已办，不受后有，成阿罗汉。"(《长阿含经》卷十七)

(三)法门无量誓愿学

"心与慈俱，无结无怨，无恚无诤，极广甚大，无量善修，遍满一切世间成就游。"(《中阿含·业相应品思经第五》)

"长老比丘广学多闻……如是诸法广学多闻，玩习至千，意所唯观，明见深达。"(《中阿含·舍梨子相应品成就戒经第二》)

"无事比丘行于无事，当学护诸根……当学精进而不懈怠……当学正念及正智也……当学知时及善时也……当学知坐及善坐也……"(《中阿含·舍梨子相应品瞿尼师经第六》)

"彼因惭愧羞厌故，便住善相应舍，是妙息寂，谓舍一切有，离爱、无欲，灭尽无余，诸贤！是谓比丘一切大学。"(《中阿含·舍梨子相应品象迹喻经第十》)

"当修行一法，当广布一法；已修行一法，便有名誉，成大果报，诸善普至，得甘露味，至无为处，便成神通，除诸乱想，逮沙门果，自致涅槃。云何为一法？所谓念佛。……诸法之本，如来所说。唯愿世尊为诸比丘说此妙义，诸比丘从如来闻已，便当受持！"(《增壹阿含经》卷第二)

"常当念修行其法，在闲居之处，坐禅思维，勿有懈怠。"

(《增壹阿含经》卷三十)

"诸比丘！常当学正意，除去嫉妒；修行威仪，所说如法。"(《增壹阿含》卷二十六)

"比丘当知：我法甚为广大，无崖之底，断诸狐疑，安隐处正法。若善男子、善女人，勤用心不令有缺，正使身体枯坏，终不舍精进之行，系意不忘。……当如是学！"(《增壹阿含经》卷四十二)

"汝等当勤修善行，以修善行，则寿命延长，颜色增益，安隐快乐，财宝丰饶，威力具足……比丘亦如是，当修善法。"(《长阿含·第二分转轮圣王修行经第二》)

"一者内身身观，精勤不懈，专念不忘，除世贪忧。外身身观，精勤不懈，专念不忘，除世贪忧。受意观法，亦复如是，精勤不懈，专念不忘，除世贪忧。"(《长阿含·第一分阇尼沙经第四》)

"漏尽比丘逆顺观察。如实觉知。如实见已。世间贪嫉、恶不善法不漏不起。修四念处。多修多行。五根、五力、七觉意、贤圣八道。多修多行。"(《长阿含经卷九第二分十上经第六》)

（四）佛道无上誓愿成

"若有一人不喜斗诤，称誉止诤者，此法可乐、可爱、可喜，能令爱念，能令敬重，能令修习，能令摄持，能令得沙

门，能令得一意，能令得涅槃。"(《中阿含·秽品黑比丘经第八》)

"远离一切垢，逮得涅槃道，究竟于苦边，是名备众德。"(《杂阿含经》卷三十五)

"当勤恭敬、系心、畏慎，随他德力诸修梵行上、中、下座，威仪满足……乃至无余涅槃，当如是学！"(《杂阿含经》卷四十七)

"涅槃者，即是比丘善趣。汝今比丘！当求方便，得至涅槃。"(《增壹阿含经》卷二十六)

"寻欲得道果，不由生死渊；愿欲至涅槃，懈怠而不克。"(《增壹阿含经》卷二十七)

"当发誓愿，无愿不果。所以然者……若长老比丘不发誓愿者，终不成佛道。"(《增壹阿含经》卷三十八)

"当专其心，无放逸行，亦求方便，成贤圣八品之道；依贤圣道已，便能自度生死之海。"(《增壹阿含经》卷三十九)

"着此慈仁之铠，降伏魔官属，坐树王下，成无上道。……知慈最第一，慈者最胜之法也！阿难当知：故名为最胜，行慈心者，其德如是，不可称计。当求方便，修行慈心。"(《增壹阿含经》卷四十一)

"若有众生奉行十法，便生天上；又行十法，便生恶趣；又行十法，入涅槃界。……其十法得至涅槃者，善修奉行。"

（《增壹阿含经》卷四十三）

以上所引经文，可知世人学道，大都有学道的因缘；苦，是学道的增上缘。小儿小女玩得快乐的时候，他不会想到父母；一旦被人欺侮，受到挫折，他就会哭着喊爸爸妈妈了。

学生、部属、徒众，当他顺利、安乐的时候，他不会找长官、领导；一旦遇到困难不能解决，他就要找人诉苦了。

他的挫折、苦难，必定是有原因的；然而他不去找原因，只在果上计较，所以必须要人为他点破，告诉他，之所以发生苦果，必定有一个业集的原因。

所以，他有苦，才要人间来帮助，来度化，这就是因苦而入佛道。

当小儿小女受苦的时候，就必须有父母愿意为儿女解决困难；当学生有了困惑的时候，就必须有一位愿意为学生解惑的老师。所以，受苦的儿女、学生求助于大人，有力的大人必须愿意为学生解决困难痛苦。所以以苦集为开始的四圣谛，当然就需要救苦救难的大愿者了，因此四圣谛和四弘誓愿，自然而然就有了这一层密切的深厚关系。

轮回流转的苦难众生，当然也想找寻一个安全的彼岸，只是苦于不知道渡船在哪里。所以，能为人师的圣贤，他乘着大愿船，具备有很多的救生设备，而快要沉没的众生，能带他登上彼岸；正如迷途的众生，找不到出路，见不到天日，如果有一位导师，能够指引他学道，超越障碍，见到光天化日的涅槃，这就是出世的灭道，这就需要发"四弘誓愿"的圣者给予因缘了。

中国的四大菩萨，他们就是四弘誓愿的代表者；他们不但是四圣谛"苦集"的解决者，也是"灭道"的完成者。例如：

1. **观音菩萨**因为有**大悲心**游诸世界，他看到世界上的众生受着三毒（贪、嗔、痴）之苦，受七难（火难、水难、风难、刀难、鬼难、囚难、贼难）之迫害，所以他能寻声救苦，满足众生的求愿，所以也就实践了"众生无边誓愿度"的大愿。

2. **地藏菩萨**因为有**大愿力**，所以发心到地狱里度众生。所谓地狱的痛苦，就是贪嗔痴慢，就是刀山剑树；因为这些烦恼业集的痛苦，有了大愿的地藏王菩萨来救助，所以地狱也就有了佛日的光辉了。

3. **文殊菩萨**因为有**大智慧**，具足种种不可思议的功德，让人从邪归正、从迷取觉、从苦得乐、从非而是，给予种种的方便，给予种种的所学，所以是"法门无量誓愿学"。

4. **普贤菩萨**因为有**大行力**，以鼓励对人格的尊重，要有赞美他人的美德，要有施舍众生的欢喜，要有惭愧自谦的实力，所以他能导万行而归净土，让所有苦难的众生都能得救，这就是所谓的"佛道无上誓愿成"。

此外，古来多少高僧大德为"正法能久住，众生得离苦"

而发下弘愿。譬如：富楼那甘愿舍身，边疆弘法；**睒子菩萨**发愿，以泪化为大海，滋润众生；沩山灵佑禅师愿作一只老牯牛，为众生作依怙；智舜和尚割肉，为救一雉等。种种的弘愿，不惜身命，都是为了完成菩萨道；即使佛陀在因地修行时，也曾割肉喂鹰、舍身饲虎，如果没有大愿力，何能作此牺牲？

又如：须达拏太子满人所求，不逆人意（布施）；小沙弥宁舍生命，不犯戒律（持戒）；白隐禅师宁受苦难，不作辩白（忍辱）；百丈禅师一日不作、一日不食（精进）；更有禅宗的诸大禅师不自堕落，起定说法（禅定），以及玄奘、太虚大师的慧解度众（般若）等，都留下千古模范。正如国际佛光会三昧修行法所唱诵的：“我今发心，不为自求，人天福报，声闻缘觉，乃至权乘，诸位菩萨，唯依最上乘，发菩提心，愿与法界众生，一时同得阿耨多罗三藐三菩提。”可以说，这都是因为了解四圣谛，而能把四弘誓愿发展到了极至的明证。

总之，悲智愿行圆满，就是佛陀；集合四大菩萨的功德成就，就是到达一个正觉圆满的理想世界了。

结　语

佛陀说法，所谓"观机逗教""应病予药"；有契理的佛法，也有契机的佛法。尤其，"四依止"更为我们订下了宗旨，就是"依法不依人、依义不依语、依智不依识、依了义不依不了义"。只要能本诸四圣谛、三法印、十二因缘，而到四弘誓愿，尽管有种种的应机说法，但都有程序性、时间性；因为懂得时间、程序，才能有适应性而融通的佛法。

因此，佛陀的教法，常常同样的一个道理，有时在这里如是说，换了一个地方或不同根机的对象，便有不同的说法。因为佛陀善于"应机说法"，有时候说"有"，有时候说"空"；有时候论"性"，有时候谈"相"；有时候讲"体"，有时候议"用"，所以学佛不要执着文字表相，要懂得"自依止，法依止，莫异依止"。以佛法发心立愿、精进不懈、积聚福德因缘，从了知苦集灭道而到实践四弘誓愿，如此成就佛道，则不为难矣！

现在的佛教界，异说纷纭，当然由于聪明才智、慧解的不同，所以对佛法的认知就有深浅、利钝的分别了。就如有两个沙弥分居在东西两个寺院。东寺的沙弥与西寺的沙弥经常奉师父的指示，到市场买菜，东寺的沙弥比较愚笨，西寺的沙弥比较聪慧。

有一次外出买菜，在十字路口相遇的时候，东寺的沙弥就问西寺的沙弥道："今天要到哪里去？"

西寺的沙弥回答道："我的腿走到哪里，就到哪里去！"

东寺的沙弥一听此话，不知如何回答。回寺告诉师父，师父怪他愚笨，怎么不会反问他："如果你的腿不走，请问你要到哪里去？"

东寺的沙弥听后，又有一天，同样在十字路口相遇，东寺的沙弥再问西寺的沙弥："你今天到哪里去？"

西寺的沙弥说："风吹到哪里，我就到哪里！"

因为回答的内容变了，东寺的沙弥又是一时语塞，不知如何回答。回去后师父又责怪他："为什么你不问他：如果没有风，你又要到哪里去呢？"东寺的沙弥只有再等机会。果然有一天又在十字路口相遇，东寺的沙弥便胸有成竹的问西寺的沙弥："你今天要到哪里去？"

西寺的沙弥到了这时候才直截了当地说："我要到市场买菜去！"

"到市场买菜去！"就这么平常简单的事，却要经过那么多的过程才能懂得，何况对于"从四圣谛到四弘誓愿"之大小乘佛教融和的开展，如果没有通达的聪慧、悟性来把它们连贯起来，自然也就不容易圆满理解了！

（原刊 2001 年 3 月《普门学报》第 3 期）